田の神図録

江戸期の田の神
621体を追って

永田政幸
Nagata Masayuki

南方新社

発刊によせて

原口　泉

（志學館大学教授・鹿児島大学名誉教授）

　今にわかに田の神ブームが起こり、南九州独自の田の神文化の評価が高まっている。

　田の神研究が盛んだったのは、40年以上前の1980年頃。寺師三千夫・小野重朗氏などの業績があった。その後、各地の教育委員会の報告書の刊行が相次いでいた。そして近年、まとまった重厚な研究書が出版された。

　かつて寺師氏は田の神像が作られるようになったのは元禄以降としていたが、今回永田氏は上山田有村の田の神像を元禄4（1691）年と紹介した。従来は宝永2（1705）年とされていたので14年も早まる。元禄初期（1700）頃（仮・推）の知覧樋与上の田の神像も紹介しているので建造の連続性から享保の全国的石像ブームに繋がる見解の妥当性が補強された。

　小野氏は、田の神像は初め仏像系と神像系で出発し、次第に身近で日常的に接している僧や神職をモデルにし、動きのある形に進化したとされていたが、八木幸夫氏は享保時代に全国的に起きた石神石仏造立ブームに乗って、鹿児島藩領の各地で多くの種類の田の神像が同じ時期に作製され始めたと考えておられる（同時多発説）。ただ享保の全国ブームが鹿児島藩にどのような影響があったのか？　なぜ鹿児島藩だけ田の神像になったのか？　藩内全域で活動した串木野仕明用夫という石工集団は関与しなかったのか？　謎の解明に本書の寄与するところは大である。

　本書ではワラット背負いや鍬持ちなど形態を検討されているのも注目される。また調査された田の神像3437体という数の多さには驚かされるが、そのうち630体の室内型田の神像を分析されているのも本書の特徴の一つである。うち江戸時代領内各地に分布する44体の田の神像の写真は圧巻である。鮮やかに彩色された笑顔、ユーモラスな姿のなんと個性的なことか！　田の神は室内でも秘かに篤く信仰されていたのである。

　本書のように精緻な研究が生まれれば、田の神信仰の新しい意義が浮かんでくる。同じ島津氏72万石の内なのになぜ奄美・沖縄に田の神像がまったくないのか。一向宗禁制との関連も考えられる。隠れキリシタンが観音像をマリア様に見立てて拝んだように、隠れ念仏の農民は仏像型や僧侶型を阿弥陀仏に見立てたのではないだろうか？　80万人の鹿児島藩で天保6（1835）年、14万人の隠れ念仏が摘発された。彼らは信心を偽装しなければならなかった。本書は仏像型・僧侶型の存在を示している。

　いっぽう鹿児島藩の農民は修験僧に生活を指導されていたため、永田氏の説くように当山派山伏の影響をまず考えるべきであろう。鹿児島藩では五か国の袈裟頭であった本山派の飯隈山飯福寺の庶民支配に果たした役割も大きかったので、本山派の影響はなかったのか気になる。ともあれ著者の研究情熱とエネルギーには敬服するばかり、前著と合わせて本書が後世への偉業になることは間違いない。著者により田の神研究に新たな地平が切り開かれたことを喜びたい。

はじめに

　古来、わが国では、農耕神を崇敬する精神文化が根付いている。春になると山の神が里に下って田の神になり、稲の成長を守護し、秋になると再び山に帰っていくという「春秋去来」の伝承は、全国各地に広く見られる。元来、山の神、田の神は、その姿や名が具体的にイメージされるものではなく、祖霊や穀霊、水や木の精霊などを敬う原始的な宗教に近い信仰であることは現在も変わらない。

　鹿児島藩（鹿児島県および宮崎県南部）では農耕神信仰を形として表した田の神像が見られる。田の神像は、五穀豊穣、子孫繁栄を願って江戸時代から作られ、現在もなお大事に守られている。最初は自然石を神の依り所として置き、後に人間の姿に近い形の田の神像に変化していったのであろう。仏像型、僧型などが先に作られ、遅れて神像・神官型が宮崎・諸県地区に作られた。さらに遅れて農民型が作られたようだ。ただし、各型の作られた時期違いは 10 ～ 20 年くらいである。

　今までの調査で実測・撮影できた 3437 体の中で、江戸時代に作られたと確認または推定できたもの 621 体の田の神像について今回は記載した。なお、前著『江戸時代の鹿児島藩　田の神像のすべて』（2019 年 9 月発行）では 585 体を記載していた。

　本著では第 2 章で、1691（元禄 4）年建立と言われている「上山田有村の田の神像」の紹介、第 3 章では、1750 年までの田の神像の年代ごとの伝播の様子を掲載する。第 4 章では一般に目に触れることなく各家庭で大事に保管されている室内型の田の神像を掲載する。

〈表の記載法について〉

①田の神像の所在地については、平成の市町村合併以前の町名を利用した。
②宮崎県の町名には、M 文字を追加（例：宮崎県高岡町……高岡 M）。
③「藩」は、1869（明治 2）年から 1871（明治 4）年の廃藩置県まで使われ、島津領の呼称は正式に「鹿児島藩」となった。
④江戸時代の人口等の資料は、当時の三州（薩摩国、大隅国、日向国）のまま記載している。江戸時代の大隅国と現在の大隅半島とは対象域が全く異なる。（p6：地図参照）
⑤1741（元文 6）年は 2 月 27 日に寛保に改元したため、1741 年 1 月 1 日～ 2 月 26 日を「元文6 年」、1741 年 2 月 27 日からを「寛保 1 年」と記載している。
⑥今回の統計処理には、実際は江戸時代の像でも確認されていないものも多く、確定的なものではない。ただし、時代の大きな傾向を判断する資料にはなりうるであろう。

〈目的の田の神像の探し方〉

本著では 1750 年までの田の神像を記載してある。

①建立年で探す　年代順の写真（p41）、年代順全一覧表（p73）

②市町村で探す　各市町別全一覧表（p81）

③田の神像の名前で探す　全一覧表（p73, p81）

＊田の神像に付けた No. は写真と一覧表で共通し、本著 No.、前著 No. と併記してある。

＊ No. の前にあるアルファベットの意味は、K ＝鍬持ち・ワラット背負いの田の神像、S ＝室内型の田の神像、T ＝本書で新たに追加された江戸時代に製作された田の神像である。

江戸時代と現在の田の神像の数（鹿児島県＋宮崎県）　2023 年 12 月現在確認

市町名	江戸時代	現在	市町名	江戸時代	現在	市町名	江戸時代	現在
大口	17	166	川内・平佐	8	38	吾平	6	24
菱刈	8	83	川内・峰山	1	12	大根占	2	7
吉松	7	34	川内・陽成	4	26	根占	1	5
栗野	3	24	川内・滄浪	1	7	内之浦	2	10
横川	7	43	上甑	0	5	田代	1	2
溝辺	4	9	加世田	11	24	佐多	0	1
牧園	8	34	金峰	14	22	屋久島	0	3
霧島	0	16	吹上	6	40	種子島	0	1
隼人	6	47	松元	7	12	鹿児島市・旧	10	64
国分	7	33	日吉	2	15	鹿児島市・谷山	12	26
福山	1	11	伊集院	4	20	鹿児島市・吉田	5	22
加治木	15	81	東市来	12	28	鹿児島市・郡山	4	18
姶良	20	49	市来	3	15	鶴田家	0	61
姶良鍋倉	2	18	串木野	15	56	長島美術館	0	45
蒲生	17	93	喜入	2	6	えびの M	11	128
出水	10	130	指宿	6	27	小林 M	14	66
高尾野	7	48	山川	1	4	小林野尻 M	3	46
野田	0	14	開聞	0	3	高原 M	5	20
阿久根	8	66	頴娃	4	7	高崎 M	14	19
長島	1	19	知覧	4	13	山田 M	6	14
東	0	6	川辺	7	18	高城 M	7	17
東郷	3	60	枕崎	2	3	山之口 M	3	11
鶴田	7	36	坊津	0	1	都城 M	21	52
宮之城	18	127	笠沙	1	1	三股 M	1	19
薩摩	5	41	岩崎ホテル（指宿）	0	29	高岡 M	21	48
祁答院	12	66	財部	8	43	国富 M	16	19
樋脇	7	26	末吉	12	54	綾 M	2	8
入来	20	30	大隅	4	43	宮崎 M	10	54
川内・永利	0	17	松山	3	8	西米良 M	0	1
川内・亀山	1	28	輝北	3	56	**総　数**	**621**	**3437**
川内・高城	2	16	有明	7	52			
川内・城上	2	32	志布志	15	45			
川内・吉川	0	10	大崎	4	80			
川内・水引	2	50	鹿屋	9	47			
川内・西方	0	24	垂水	4	13			
川内・隈之城	9	67	串良	3	31			
川内・川内	2	8	東串良	2	12			
川内・八幡	1	7	高山	16	41			

現・鹿児島県	487	2915
現・宮崎県	134	522
総　　計	621	3437

目　　次

第 4 章　目に触れることの少ない室内型田の神像　57

第 5 章　その他　67

資料編　68

第1章　江戸時代の鹿児島藩

Ⅰ　鹿児島藩・三州（薩摩国、大隅国、日向国）の地図

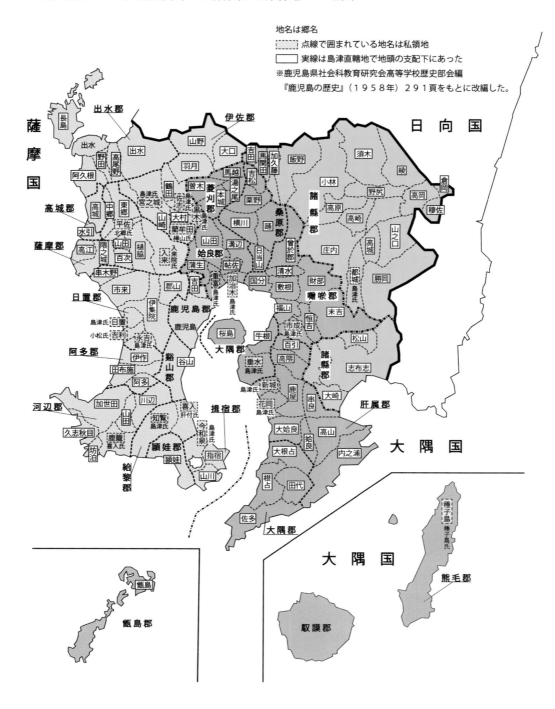

地名は郷名

点線で囲まれている地名は私領地

実線は島津直轄地で地頭の支配下にあった

※鹿児島県社会科教育研究会高等学校歴史部会編

『鹿児島の歴史』（１９５８年）２９１頁をもとに改編した。

　17世紀から幕末における鹿児島藩の地図を見ると、大隅国は現在の大隅地方（大隅半島）とは範囲がかなり異なっている。吉松、栗野、菱刈、加治木、帖佐、重富等は大隅国であり、松山、志布志、大崎などは南諸県郡で日向国となっていた。江戸時代の人口等の資料には、この条件で記載されている。

　本著では田の神像のある地区は、2004〜2010年の市町村合併以前の市町村名にて記した。

II　江戸時代の鹿児島藩と現代の鹿児島県・宮崎県の地図

佐土原藩は、江戸時代に日向国那珂郡および児湯郡を領有した藩。藩主家は島津氏支族の佐土原島津家であり、鹿児島藩の支藩とされる。藩庁は、現在の宮崎市佐土原町に置かれた。

Ⅲ　鹿児島藩の人口推移

寛永から明治までの鹿児島藩の人口推移

	薩摩国	大隅国	日向国諸県郡	薩隅日合計
1636（寛永 13）年	16 ～ 17 万	11 ～ 12 万	6.4 万	33 ～ 34 万
1661-73 年（寛文年間）	17.8 万	11.5 万	6.0 万	35.3 万
1716-36 年（享保年間）	29.0 万	19.0 万	8.0 万	56.0 万
1800（寛政 12）年	37.3 万	17.7 万	7.7 万	62.7 万
1826（文政 9）年	40.4 万	16.9 万	7.7 万	65.0 万
1852（嘉永 5）年	39.3 万	15.7 万	7.4 万	62.4 万
1871（明治 4）年	46.3 万	21.0 万	7.9 万	75.2 万

藩政期、人口の 25％は武士階級であった。現在の人口：192 万人（2017 年／同地域）

Ⅳ　江戸時代の時代的背景

1）江戸時代の鹿児島藩の概況

・島津領は地形的にも三面海に接し、他藩とは山々で囲まれている。藩の東北部の佐土原藩は幕府直轄の天領に接し、隠密等の活動にも何時も注意を払い、他藩との境界を越えた移動は厳しく監視されていた。農民等の他藩への移動は極めて困難であり、一独立国的な存在であった。また地理的に他藩の者が参勤交代などで鹿児島藩内を通過することもなく、ごく一部の武士階級以外の者は他藩との交流はほとんどなかったと思われる。
・シラス台地が多く、米麦等の収穫が極めて低く貧乏であった。
・台風・火山噴火などの自然災害が多く、時に干ばつなどの自然災害にもよく見舞われていた。
・年貢は 8 公 2 民という極めて過酷な税制であった。
・門割制度のもとにあり、農民は田畑の私有は認められていなかった。
・他藩に見られた寺請け制度に代わって郷士が地方の末端まで管理。結婚・旅行・諸行政まで関与していた。
・門割制度での下で郷士も農業を行っていたが、その生活も極めて貧困であった。（半農半士）
・浄土真宗は強く禁じられていた。
・他藩からの当藩への文化的交流・伝播は極めて少なく、中央の文化は先に鹿児島城下に伝わり、その後に地方の周辺部へ伝わり、隣藩からは直接伝わることは極めて少なかったであろう。交通機関は徒歩・船のみであり、移動にはすべてに時間を要した。

2）外城の組織

・1780（安永9）〜 1783（天明3）年、外城の所三役の筆頭である「噯」を「郷士年寄」に改め、外城衆中を「郷士」に、1833（天保4）年には外城を「郷」にあらためた。

　　　所三役（郷士年寄・組頭・横目）―村（庄屋／士族）―方限（名主）―
　　　―門（名頭）―家部（名子／農民）

・郷士は一石未満の下級郷士が圧倒的に多く、武士身分でありながら、農業を営み半農半士の生活であった。
・鹿児島藩の約25％は士族階級であった。

3）外城の耕作地と税制

・農民の門地に課せられる貢租は籾高一石（米にして五斗）につき米三斗九升八合。税率79.6％。8公2民の高税率であり、ほかに用夫役、狩夫役なども課された。

4）食生活

常食物調査表

	甘藷	粟	米	麦・蕎麦
現今・1880（明治13）年	3分通	3分通	3分通	1分通
10年前・1870（明治3）年	4分通	3分通	2分通	1分通
20年前・1860（万延元）年	5分通	3分通	1分通	1分通

（明治13年、鹿児島県日置郡吉利村）

　以上のように農村における郷士、特に農民の生活が経済的に貧しく行動範囲も極端に狭い。鹿児島は甘藷があったので食いつなぐことができたのであろう。

　このような状況の中で、一部の下位郷士達は農業を行っており、田の神像製作時に計画・資金供与できたのは地区の支配階級の郷士達であっただろう。本当の農民層には経済的にも時間的にも全く余裕はなく、田の神像製作計画等には参加はできなかったと推察される。

　よく言われる「農民の作った田の神像」の農民は、郷士階級の農業従事者達であったろう。郷士といえども下級武士であり、上級武士からの指示に反論もできず、苦しい生活を強いられたと推察される。もっとも藩全体が一様ではなく、地域によって余裕があり、また江戸時代の時期によって経済的な差はあったに違いない。

門割制度とその特性

　門割制度とは鹿児島藩の独特な農村支配の仕組みである。

門（かど）：江戸時代鹿児島藩農村における農民たちの農業経営や村落生活の単位となった
　　　　農民組織である。また同時に、藩権力による公的な村落行政支配の基本の単位ともなっ
　　　　ていた。
門割（かどわり）：江戸時代の鹿児島藩の検地事業の際に、耕地の割換えと門農民たちの所
　　　　属配置換えをセットにして、藩が同時並行的に行った農村秩序（支配秩序）の再編成で
　　　　ある。
人配（にんべ）：17世紀後半から鹿児島藩北東部の大隅から日向にかけての東目一帯での人
　　　　口減少と農村荒廃が著しかったので、南薩摩（西目）から強制移住が繰り返された。こ
　　　　の時期は鹿児島藩では大規模な新田開発事業が起こされて、荒廃田・旧耕地の復興も図
　　　　られた時期でかなりな人手を必要とした。

　この制度の最初は豊臣秀吉の島津氏領への指示で行われた「太閤検地」（1594（文禄3）
〜 1595（文禄4）年）と考えられる。
　その後、鹿児島藩独特の「内検」と呼ばれる領地内総検地は以下の通りである。

第一回：慶長内検（1611 − 1612年）
第二回：寛永内検（1632 − 1633年）
第三回：万治内検（1657 − 1659年）
第四回：享保内検（1722 − 1727年）

　特に第三回目から領内農村に強い権力干渉を始める。それぞれの村の門ごとの耕地の面積
とその状態（等級など）、個々の農民の年齢、性別、身分、健康状態、各門経営体所持の牛馬
などの役畜数にいたるまで、それぞれの門の農業経営の実態について厳密な調査を実施（御
検地）。その結果に基づいて各門の農民たちの年貢、諸役負担の平準化・公平化を企図し実
施した。各門の適量面積の配分と適正農民労働力を配置し直すことで以前からの伝統的な門
農民の家族構成や社会関係をも解体することになった。これが「門割」である。

（出典：『薩摩民衆支配の構造』中村明蔵著）

第2章　上山田有村の田の神像

Ⅰ　上山田有村の田の神像の紹介

1）川辺郡勝目地区（旧山田郷）について

1. 1658（明暦4）年に加世田郷から分離して山田郷（上山田・中山田・下山田）となる。
2. 1869（明治2）年に勝目郷に改称。
3. 1889（明治22）年、勝目村に改称。
4. 1956（昭和31）年、川辺町に合併となる。
5. 2007（平成19）年、川辺町・知覧町・頴娃町の合併にて南九州市となる。
   ＊1658年から1956年まで江戸時代を通し川辺郷に一体化することなく独立体制を維持していた。

　　現在の田の神像の所在地：南九州市川辺町（旧勝目地区）

2）江戸時代早期の川辺地区における用水事業

1. 1650（慶安3）年頃、平山・田部田用水路（慶安年間）を築く。
2. 1651（慶安4）年頃、高田村の最初の用水路工事を行う。
3. 1663（寛文3）年、清水篠井手用水、篠井手用水隧道を築く。
4. 1691（元禄4）年、下山田新田開発のため塘之池を築く。
5. 亀銅川用水路、中山田・下山田地区へ大谷川の川底を通して対岸側に供水する。
6. 光明寺池から中山田・上山田地区へ供水する。
7. 永田上の溜め池を築く。
8. 神殿の溜め池を築く。

　藩内では各地に新田開発のため大掛かりな用水工事がはじまり、山田地区周辺でも上記のように工事が行われ、加世田・川辺の薩南地区は米の増産事業が1660年代から盛んに行われた。
　地勢的に高い山もなく山田郷は川辺郷とともに、加世田地区から知覧・頴娃地区への中間地区で交通の要衝でもあった。

3）上山田有村の田の神像の有形文化財指定

　1967（昭和42）年3月、川辺町教育委員会は下記の4体の田の神像を「川辺町指定有形文化財」に指定している。（その後町村合併により、現在は「南九州市指定有形文化財」と名称変更）

川辺町指定有形民俗文化財（現在：南九州市指定有形文化財）
指定年月日：昭和 42 年 3 月 25 日　川辺町（当時）

①永田の田の神像 ……………………… 建立年：1724（享保 9）年
②下山田日吉の田の神像 ……………… 建立年：1735（享保 20）年
③中山田下之口の田の神像 …………… 建立年：1735（享保 20）年推定
④上山田有村の田の神像 ……………… 建立年：1691（元禄 4）年

16　上山田有村の田の神
　（町指定　有形民俗文化財）
－上山田有村－

　田の神は、稲作をつかさどる神で、古代に
は食飯魂命（うがたまのみこと）といわれて
いたようである。
　後世になって、一般に田の神というように
なり、これを拝めば豊作になり、幸福が訪れ
るとされた。春になると、山の神が里に下っ
て田の神となり、秋に入れを終ると山に帰
ると信じられていた。当時の庶民たちが、凶
作に泣き、豊かな実りの祈りをこめて刻んだ
ものであろう。
　この有村の田の神は、国道沿にあり、台石
に元禄 4 年建立の文字がある。
　　　　　　　　　　　　　（昭42．3．25指定）

－23－

川 辺 町 の 文 化 財
　　　－文化財要覧－
発 行 日　昭和 57 年 2 月 1 日
発 　行　鹿児島県川辺郡
　　　　　川辺町教育委員会
印 　刷　(有) 朝 日 印 刷
　　　　　鹿児島市上荒田町854-1
　　　　　TEL(0992) 51－2191(代)

『川辺町の文化財－文化財要覧－』（鹿児島県川辺郡川辺町教育委員会発行／昭和 57 年）

4）上山田有村の田の神像の様子

　左側に刃先を前方に向けた太い鍬を持ち、右手の持ち物は一部欠損にて不明。分厚いシキを
被り、背部にワラットを背負う。裁着け袴をつけ、前裾は波状に持ち上がっているのが特徴的
である。全般的に体は膨らみがあり、丸みがある。立位で静的な状態。僧型。一般的な僧では
なく当時の山伏（修験者）であろう。
　高さ70cm、幅37cm、奥30cm、顔（顎上）17cm。東向き。風化が目立ち、顔の目鼻ははっき
りしない。台石に文字が刻まれているが破損が見られ、年号等の刻字は判読困難。
　　＊山田郷の修験寺は宝生寺／高野山真言宗の末寺（当山派）

Ⅱ　ワラット背負い・鍬持ちの田の神像

1）ワラット背負いの田の神像 98 体

　薩摩半島南部および大隅半島中部では、ワラット背負い・鍬持ちの田の神像をよく見かける。
今回調査した田の神像 3437 体中ワラット背負いの田の神像は 98 体であった。

1. ワラットの種類で分類する

　　　①ワラット単独 ……………… 87 体　　　②メシゲ付きワラット ……… 11 体

2. ワラット背負いの田の神像の鍬持ちの有無

　　　①鍬持ち ……… 48 体　　　②鍬無し ……… 50 体

3. ワラット背負いの田の神像の分布地域

　　A 大口・横川方面 ……………………… 1 体
　　B 出水・川内方面 ……………………… 7 体
　　C 日置方面 ……………………………… 40 体
　　D 薩南・頴娃方面 ……………………… 32 体
　　E 志布志・有明方面 ………………… 3 体
　　F 鹿屋・高山方面 …………………… 14 体
　　G（鹿児島）…………………………… 0 体
　　H 宮崎地区（高原・えびの）………… 1 体

2）鍬持ちの田の神像 61 体

1. 鍬持ちの田の神像のワラット背負いの有無と地域性

今回調査した田の神像 3437 体のうち、鍬持ちの田の神像は 61 体を確認している。

鍬持ち田の神像とワラットの関係

地域	ワラット無し	ワラット背負い		計
		ワラットのみ	メシゲ付きワラット	
薩摩地区	9 体	32 体	1 体	42 体
大隅地区	4 体	4 体	10 体	18 体
宮崎地区	0 体	1 体	0 体	1 体
小計	13 体	37 体	11 体	61 体
		48 体		

2. まとめ

①鍬持ち田の神像は薩摩地区に全 61 体中 42 体あり、全体の約 69％である。

②メシゲ付きワラット背負い田の神像は全 11 体中大隅地区に 10 体あり、約 91％である。

③ワラット背負い田の神像は調査対象 3437 体中 98 体あり、約 3％である。

④鍬持ちの田の神像は調査対象 3437 体中 61 体あり、約 2％である。

⑤ワラット背負い田の神像全 98 体中鍬持ち田の神像は 48 体あり、おおよそ 49％である。

III　鍬持ちの田の神像一覧表の諸項目

1）製作時期

　本書では便宜上、田の神像が初めて登場してから幕末に至るまでの間を江戸前期・中期・後期に設定した。

　　①江戸前期：〜 1750 年　　　②江戸中期：〜 1800 年　　　③江戸後期：〜 1868 年

2）ワラット背負いの有無

　なお、後の表では便宜上ワラットの有無によって W-0 〜 W-2 と記載する。

　　①ワラットを付けていない像 ……………………… W-0
　　②ワラットのみを付けている像 ………………… W-1
　　③ワラットにメシゲを付けている像 ………… W-2

1. ワラット無し

2. ワラットのみ有り

3. ワラット＋メシゲ有り

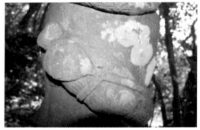

W-2

W-0

W-1

3）風化度

　大雑把ではあるが F-1 〜 F3 と設定した。
　田の神像の風化は石の産出する地域、石の種類、田の神像の置かれた場所でかなり違いがあるが、参考までに評価を試みた。

　　　F-1：軽度（顔面部等の摩耗がある）

　　　F-2：中等度（顔面部等の損耗が目立つ）

　　　F-3：高度（一段と風化が進み、体部崩壊に近い）

4）鍬を持つ位置

　鍬は土を耕すもので、形は大小さまざま、刃の幅・長さも一様ではない。柄も長短さまざまである。時代ごとにさまざまな形のものが用途に応じて工夫して製作されていたのであろう。

　鍬を置く位置は前面、左右側、前胸などが見られる。

①前面に　　　　　　②右側に　　　　　　③左側に　　　　　　④前胸に

5）製作年代の仮定

　田の神像の形・持ち物・風化度・地域性などを勘案し、下記の2体の田の神像については製作年代の仮定を試みた。

　①「4. 樋与上・知覧：1700頃仮推」、②「24. 清水・笠沙：1720頃仮推」と仮定した。経緯については後述する。

Ⅳ　鍬持ち田の神像 61 体の一覧表

| No. | 地域名 | | 名前 | 前著 No. | 本著 No. | 1）建立の時期 | | | 明治以降 | 刻字無し |
---	地区	町名				江戸前期	江戸中期	江戸後期		
K1	薩摩	加世田	地頭所	428	456			1818 推		○
K2	薩摩	加世田	武田上	309	328		1785			
K3	薩摩	加世田	内山田下	未記	129	1740 推				○
K4	薩摩	加世田	内田佐方	442	471			1823		
K5	薩摩	加世田	万世慰霊塔 1	270	288		1778			
K6	薩摩	金峰	池辺中	384	407			1805		
K7	薩摩	金峰	尾下	412	438			1814		
K8	薩摩	金峰	浦之名	366	387		1800			
K9	薩摩	金峰	高橋	14	15	1716				
K10	薩摩	金峰	宮崎	75	78	1732				
K11	薩摩	金峰	白川西	未記	江戸後期			推		○
K12	薩摩	金峰	白川中	410	436			1813		
K13	薩摩	金峰	白川東	21	22	1720				
K14	薩摩	金峰	新山	105	108	1736				
K15	薩摩	金峰	牟田城	未記	江戸前期	推				○
K16	薩摩	金峰	扇山	402	428			1810		
K17	薩摩	金峰	大平	未記	明治以降				○	
K18	薩摩	吹上	上和田	未記	明治以降				○	○
K19	薩摩	吹上	中田尻	15	16	1717				
K20	薩摩	吹上	苙岡オロオカ	未記	江戸中期		推			○
K21	薩摩	伊集院	清藤	未記	江戸後期			推		○
K22	薩摩	谷山	滝ノ下	90	93	1735 推				○
K23	薩摩	頴娃	御領	514	546			1847		
K24	薩摩	頴娃	牧淵別府	423	450			1816		
K25	薩摩	頴娃	佃	424	451			1816		
K26	薩摩	頴娃	南春向	467	496			1830 推		
K27	薩摩	頴娃	郡山下	未記	明治以降				○	
K28	薩摩	頴娃	上淵	未記	明治以降				○	
K29	薩摩	知覧	浮辺	336	357		1791			
K30	薩摩	知覧	樋与上トヨカン	未記	4	1700 頃仮推				○

江戸前期：〜 1750 年
江戸中期：〜 1800 年
江戸後期：〜 1867 年
仮：仮定
推：推定

16

No.	2) ワラットの有無			浮き彫りほか	3) 風化度	4) 鍬の柄の長さ			5) 鍬の刃の大きさと形状	6) 鍬の位置		7) 鍬を前面に		
	W-0	W-1	W-2			長	中	短		右側	左側	右手	左手	両手
K1		○											○	
K2		○						○	中				○	
K3	○			①				○	小					○
K4		○					○		大				○	
K5		○					○		短・木槌型	○				
K6		○						○	中	○				
K7		○						○	中		○			
K8		○					○		大	○				
K9		○			F-2			○	中					○
K10	○						細○		小・カギ状				○	
K11		○					○		大		○			
K12		○						○	中	○				
K13		○			F-2	○			大	○				
K14		○						○	中・幅広				○	
K15		○			F-3	○			大	○				
K16		○			F-1		○		中	○				
K17	○			②				○	小					○
K18		○						○	中		○			
K19	○				F-2			細○	小・カギ状				○	
K20		○			F-1	○			大					○
K21	○					細○			小・カギ状		○			
K22	○				F-2	細○			小・カギ状				○	
K23	○						○		大	○				
K24		○					○		大		○			
K25		○					○		中・太い	○				
K26	○							○	中・太い	○				
K27		○						○	中	○				
K28		○						○	中	○				
K29		○					○		大	○				
K30		○			F-2			○	短・太い		○			

W-0：ワラット無し　　　　F-1：顔面等の摩耗
W-1：ワラット有り　　　　F-2：顔面不明・損耗
W-2：ワラット＋メシゲ　　F-3：体部崩壊
①背中に太鼓
②浮き彫り

No.	地区	町名	名前	前著 No.	本著 No.	江戸前期	江戸中期	江戸後期	明治以降	刻字無し
	地域名					1）建立の時期				
K31	薩摩	知覧	上木原	未記	江戸後期			推		○
K32	薩摩	知覧	塗木	149	157	1748				
K33	薩摩	知覧	厚地下1	未記	江戸前期	推				○
K34	薩摩	知覧	飯野	未記	江戸前期	推				○
K35	薩摩	川辺	平山下	未記	明治以降				○	
K36	薩摩	川辺	田部田	未記	明治以降				○	
K37	薩摩	川辺	永田	35	37	1724				
K38	薩摩	川辺	下山田日吉	87	90	1735				
K39	薩摩	川辺	中山田下之口	88	91	1735 推				○
K40	薩摩	川辺	上山田有村	2	2	1691				
K41	薩摩	川辺	田部田・佐々良	未記	明治以降				推	○
K42	薩摩	笠沙	清水	未記	24	1720 頃仮推				○
K43	大隅	岩崎ホテル	中庭2	未記	江戸後期			推		○
K44	大隅	岩崎ホテル	中庭16	未記	江戸後期			推		○
K45	大隅	有明	片平公民館	未記	明治以降				推	○
K46	大隅	鹿屋	岡泉	377	398			1803		○
K47	大隅	鹿屋	横山	未記	江戸後期			推		○
K48	大隅	鹿屋	古野	未記	江戸後期			推		○
K49	大隅	串良	岡崎・迫家	未記	江戸後期			推		○
K50	大隅	串良	下小原・宮地家	未記	江戸後期			推		○
K51	大隅	東串良	安留	未記	250		1771 推			○
K52	大隅	高山	中村	302	320		1783			
K53	大隅	高山	検見崎	76	79	1732				
K54	大隅	高山	西横間2	484	513			1836		
K55	大隅	高山	大薗1	232	247		1771			
K56	大隅	高山	大薗2	135	140	1743				
K57	大隅	高山	平後園	223	237		1770			
K58	大隅	吾平	柞1	未記	江戸中期		推			○
K59	大隅	吾平	上名中福良（八幡神社）	233	248		1771			
K60	大隅	吾平	西目川路	未記	江戸中期		推			○
K61	宮崎	高原	出口	531	562			1850 推		○

江戸前期：〜1750 年
江戸中期：〜1800 年
江戸後期：〜1867 年
仮：仮定
推：推定

| No. | 2) ワラットの有無 | | | | 3) 風化度 | 4) 鍬の柄の長さ | | | 5) 鍬の刃の大きさと形状 | 6) 鍬の位置 | | 7) 鍬を前面に | | |
	W-0	W-1	W-2	浮き彫りほか		長	中	短		右側	左側	右手	左手	両手
K31		○					○		大			○		
K32			○		F-2	○			大	○				
K33	○				F-3	○			短・木槌型			○		
K34		○			F-2				小		○			
K35		○					○		中	○				
K36		○					○		中					
K37		○			F-2	○		○	大	○				
K38		○			F-2		○		短・太い	○				
K39		○			F-1	○			短・太い	○				
K40		○			F-2		○		短・太い		○			
K41		○					○		中	○				
K42		○			F-3	○			短	○				
K43			○				○		中					○
K44			○				○		中					○
K45	○				室内型	○			大					○
K46			○			○			大					○
K47		○				○			大					○
K48			○				○		短					○
K49	○				室内型		○		中					○
K50			○			○			短					○
K51			○			○			大					○
K52	○						○		短・横長					○
K53	○				F-1		○		短				○	
K54		○					○		大					○
K55			○		F-1		○		大					○
K56			○		F-2		○		大					○
K57			○				○		短					○
K58		○			F-1		○		大					○
K59			○		F-1		○		大					○
K60		○			F-1		○		短					○
K61		○					○		短					○

W-0：ワラット無し　　F-1：顔面等の摩耗
W-1：ワラット有り　　F-2：顔面不明・損耗
W-2：ワラット＋メシゲ　F-3：体部崩壊
①背中に太鼓
②浮き彫り

K1. 地頭所・加世田（1818 推）

K2. 武田上・加世田（1785）

K3. 内山田下・加世田（1740 推）

K4. 内田佐方・加世田（1823）

K5. 万世慰霊塔1・加世田（1778）

K6. 池辺中・金峰（1805）

K7. 尾下・金峰（1814）

K8. 浦之名・金峰（1800）

K9. 高橋・金峰（1716）

K10. 宮崎・金峰（1732）

K11. 白川西・金峰

K12. 白川中・金峰（1813）

K13. 白川東・金峰（1720）

K14. 新山・金峰（1736）

K15. 牟田城・金峰

K16. 扇山・金峰（1810）

K17. 大平・金峰（1903）

K19. 中田尻・吹上（1717）

K22. 滝ノ下・谷山（1735 推）

K23. 御領・頴娃（1847）

K24. 牧淵別府・頴娃（1816）

K25. 佃・頴娃（1816）

K26. 南春向・頴娃（1830 推）

K29. 浮辺・知覧（1791）

K30. 樋与上トヨカン・知覧
（1700 頃仮推）

K32. 塗木・知覧（1748）

K33. 厚地下 1・知覧

K34. 飯野・知覧

K35. 平山下・川辺

K36. 田部田・川辺

K37. 永田・川辺（1724）

K38. 下山田日吉・川辺（1735）

K39. 中山田下之口・川辺（1735 推）

K40. 上山田有村・川辺（1691）

K42. 清水・笠沙（1720 頃仮推）

K45. 片平公民館・有明

K46. 岡泉・鹿屋（1803）

K51. 安留・東串良（1771 推）

K52. 中村・高山（1783）

K53. 検見崎・高山（1732）

K54. 西横間 2・高山（1836）

K55. 大薗 1・高山（1771）

K56. 大薗 2・高山（1743）

K57. 平後園・高山（1770）

K58. 栫 1・吾平

K59. 上名中福良（八幡神社）・吾平（1771）

K60. 西目川路・吾平

K61. 出口・高原 M（1850 推）

Ⅵ ワラット背負い・鍬持ちの田の神像 48 体の分布図

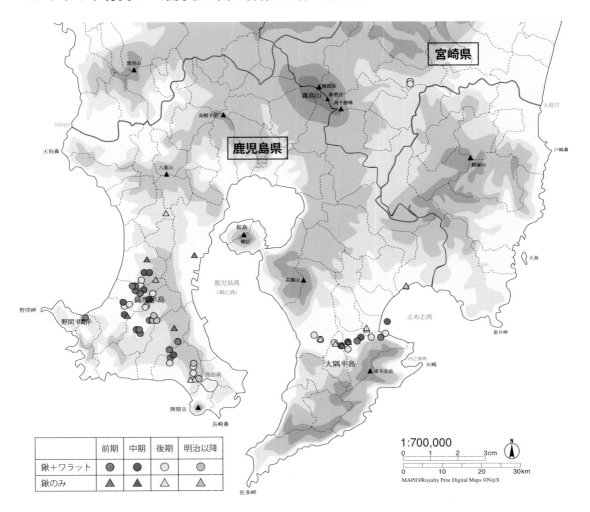

	前期	中期	後期	明治以降
鍬＋ワラット	●	●	○	○
鍬のみ	▲	▲	△	△

1:700,000

MAPIO/Royalty Free Digital Maps ©NijiX

まとめ

①鍬持ち田の神像は最初に薩摩半島南部（南薩地域）から始まり、やがて大隅半島・高山地区を中心に製作が始まった。またメシゲ付きのワラットは薩南地区より先に大隅地区で作られ、遅れて知覧に同様な田の神像が 1 体作られている。

②ワラットを背負い、左側に大きな鍬を持つものは極めて少なく、「上山田有村の田の神像」のほかに「樋与上の田の神像」のみである。

③ワラットを背負い、右側に長い柄を付けた田の神像で刻字が付いているのは白川東（1720）である。笠沙・清水の田の神像は、右に柄の長い鍬を持ち、全体的に風化が目立つ。今回、1720 年頃と仮・推定としたが、それ以前の可能性も十分に考えられる。

Ⅶ　川辺町・上山田有村と知覧町・樋与上の田の神像

田の神像の類似性

　　左側に大きな鍬を持つ田の神像は極めて少ない。樋与上の田の神像も左側に刃を前方に向け
た太い鍬を持ち、裁着け袴を着け、細い帯紐をつけ、前裾は波状に挙上し、厚いシキを被る。
上山田有村の田の神像と極めて類似しており、風化度も同程度で特に顔面の風化は目立ち、目
鼻ははっきりしない。樋与上の田の神像の大きさは高さ97cm、幅57cm、奥33cm、顔（顎上）24
cmで上山田有村の像よりやや大きなつくりである。樋与上の田の神像の製作された時期は上山
田有村とほぼ同時期か、遅れても10年以内と判断し1700年（仮・推定）とした。

	川辺町・上山田有村	知覧町・樋与上
像の種類	僧型（修験者・山伏）	僧型（修験者・山伏）
姿勢	立位・静止	立位・静止
シキ	太い丸型	太い丸型
ワラット	有	有
鋤	左側。太い刃を前方に向ける。	左側。太い刃を前方に向ける。
着衣	裁着け袴	裁着け袴
前裾	波状	波状
計測（cm）	総高70, 幅37, 奥30, 顎上17	総高97, 幅57, 奥33, 顎上24

前　　　　　　　　　　左側　　　　　　　　　　後

川辺町・上山田有村

知覧町・樋与上

左手 W1。裁つけ袴には前裾に波状
の切り込みがある。

左側に太い鍬。太い柄と前向きの刃
を持つ。

背中にワラット。厚く太いシキを被
る。

第3章　江戸時代の田の神像

前著にて江戸時代の田の神像585体を掲載したが、本著ではさらに36体を追加掲載する。

Ⅰ　江戸時代の田の神像の追加36体

1）江戸時代の田の神像の追加36体の写真　＊江戸時代の田の神像の追加分のNo.にはTを付加した。

T1/No.4. 樋与上トヨカン・知覧
（1700頃仮推）

T2/No.24. 清水・笠沙（1720頃
仮推）

T3/No.117. 妹尾橋上流2・（高
来）・川内（1738）

T4/No.129. 内山田下1・加世田
（1740推）

T5/No.148. 徳辺・菱刈（1745推）

T6/No.149. 立野2・小林M（1745
推）

T7/No.153. 北山中甑（野立）・
始良（1747）

T8/No.160. 金崎太良迫・宮崎M
（1749）

T9/No.181. 浮田城の下橋近・宮
崎M（1753）

T10/No.188. 大平見・内之浦（1754）

T11/No.204. 富吉・宮崎 M（1760）

T12/No.220. 上名・内山田１・公民館・姶良（1765 推）

T13/No.234. 川永野・川内隈之城（1769）

T14/No.238. 栗下２・宮崎 M（1770）

T15/No.250. 安留・東串良（1771 推）

T16/No.258. 飯牟礼下・伊集院（1773）

T17/No.261. 熊ノ迫・小林 M（1774）

T18/No.326. 伊崎田・中野・個人・有明（1784）

T19/No.333. 石山迫・高城 M（1785）

T20/No.341. 山下・久保土橋・阿久根（1787）

T21/No.399. 古城・横川（1803）

T22/No.400. 生目・伊勢丸・宮崎 M（1803）

T23/No.410. 中ノ原公民館・川内平佐（1805）

T24/No.417. 上田尻・吹上（1807）

T25/No.442. 山下・南町・鹿屋（1814）

T26/No.454. 大塚町八所・宮崎 M（1817 推）

T27/No.469. 矢立1（高来）・川内（1822）

T28/No.525. 網津町井上２・川内（1840）

T29/No.528. 牧迫・一条院・川内陽成
（1841）

T30/No.529. 中麦・妙徳寺前・川内陽成
（1841）

T31/No.530. 宮小平・宮田橋・川内陽成
（1841）

T32/No.572. 本川・柿田２・川内陽成
（1852）

T33/No.587. 下田１・川添・小林須木Ｍ
（1858）

T34/No.603. 鴨池新町・個人・鹿児島
（1862）

T35/No.620. 宮下南１・高山（1868）

T36/No.621. 生目・上小村・宮崎Ｍ（1868
推）

2）江戸時代の田の神像の追加36体の一覧表

No.	本著No.	新名前	地区名	建立年	年号	彫りの形	総高	巾	奥	姿勢	像の種類	方角
T1	4	樋与上トヨカン	知覧	1700頃仮推	元禄13	丸彫り	97	57	33	立位	僧型	北西
T2	24	清水	笠沙	1720頃仮推	享保5	丸彫り	84	37	45	立位	僧型	北東
T3	117	妹尾橋上流2（高来）	川内	1738	元文3	丸彫り	68	36	27	立位	旅僧型	南
T4	129	内山田下1	加世田	1740推	元文5	丸彫り	59	29	36	立位	農民型	西
T5	148	徳辺	菱刈	1745推	延享2	丸彫り	89	70	47	座位	神像型	南
T6	149	立野2	小林M	1745推	延享2	丸彫り	86	50	48	腰掛	神職型	北東
T7	153	北山中甑（野立）	姶良	1747	延享4	丸彫り	65	36	30	立位	田の神舞神職型	南
T8	160	金崎太良迫	宮崎M	1749	寛延2	丸彫り	53	38	33	座位	神像型	南東
T9	181	浮田城の下橋近	宮崎M	1753	宝暦3	角柱文字塔	50	48	44		加工石文字型	西
T10	188	大平見	内之浦	1754	宝暦4	丸彫り	58	57	45	胡座	神像型	東南
T11	204	富吉	宮崎M	1760	宝暦10	浮き彫り	75	31	22	座位	神職型	東南
T12	220	上名・内山田1・公民館	姶良	1765推	明和2	丸彫り	48	47	47	胡座	神像型	室内
T13	234	川永野	川内隈之城	1769	明和6	丸彫り	56	44	26	中腰	田の神舞神職型	室内
T14	238	栗下2	宮崎M	1770	明和7	文字	47	35	31		加工石文字型	北東
T15	250	安留	東串良	1771推	明和8	丸彫り	92	36	28	立位	僧型	北西
T16	258	飯牟礼下	伊集院	1773	安永2	丸彫り	80	43	38	立位	田の神舞神職型	南
T17	261	熊ノ迫	小林M	1774	安永3	丸彫り	80	78	38	座位	神職型	南
T18	326	伊崎田・中野・個人	有明	1784	天明4	丸彫り	50	37	33	立膝座	神職型	西
T19	333	石山迫	高城M	1785	天明5	丸彫り	74	65	26	座位	神像型	西
T20	341	山下・久保土橋	阿久根	1787	天明7	丸彫り	66	33	30	立位	農民型	北東
T21	399	古城	横川	1803	享和3	浮き彫り	116	93	46	胡座	神職型	南
T22	400	生目・伊勢丸	宮崎M	1803	享和3	浮き彫り	47	29	24	胡座	神像型	南西
T23	410	中ノ原公民館	川内平佐	1805	文化2	丸彫り	88	50	30	立位	農民型	西
T24	417	上田尻	吹上	1807	文化4	丸彫り	81	28	37	立位	農民型	南
T25	442	山下・南町	鹿屋	1814	文化11	丸彫り	74	32	19	立位	旅僧型	北東
T26	454	大塚町八所	宮崎M	1817推	文化年間	浮き彫り	50	48	44	立位	旅僧型	南西
T27	469	矢立1（高来）	川内	1822	文政5	浮き彫り	120	49	30	立位	旅僧型	南
T28	525	網津町井上2	川内	1840	天保11	丸彫り	73	62	32	立位・2体	農民型	北西
T29	528	牧迫・一条院	川内陽成	1841	天保12	浮き彫り	120	89	33	立位	一石双体	南
T30	529	中麦・妙徳寺前	川内陽成	1841	天保12	浮き彫り	106	87	40	立位	一石双体	南
T31	530	宮子平・宮田橋	川内陽成	1841	天保12	浮き彫り	113	88	48	立位	一石双体	南西
T32	572	本川・柿田2	川内陽成	1852	嘉永5	丸彫り	40	28	13	立位	郷士型	北東
T33	587	下田1・川添	小林須木M	1858	安政5	文字	74	56	52		自然石文字型	北
T34	603	鴨池新町・個人	鹿児島	1862	文久2	丸彫り	43	23	17	立位	農民型	
T35	620	宮下南1	高山	1868	慶応4	丸彫り	84	39	32	膝折立位	旅僧型	南
T36	621	生目・上小村	宮崎M	1868推	慶応4	文字型	43	25	17		加工石文字型	東

II　1691（元禄4）年から1750（寛延3）年までの田の神像165体の建立状況

　＊No.1「鎌倉2」1644（正保1）年は、昭和時代に墓碑を改造した経緯があり、統計処理から外している。

1）江戸時代の田の神像164体の写真　＊測定値はp68〜72に掲載。

No. 2. 上山田有村・川辺（1691）

No. 3. 上村（南地区）・財部（1696）

No. 4. 樋与上・知覧（1700頃 仮推）

No. 5. 井手原（紫尾）・鶴田（1705）

No. 6. 真中馬場・栗野（1710推）

No. 7. 山田・日吉（1710推）

No. 8. 小園・枕崎（1710推）

No. 9. 副田・中組・入来（1711）

No. 10. 副田・元村下1・入来（1711推）

No. 11. 楠元・姶良（1712）

No. 12. 本庵・樋脇（1714）

No. 13. 下馬場・金峰（1715）

No. 14. 草木段・樋脇（1716）

No. 15. 高橋・金峰（1716）

No. 16. 中田尻・吹上（1717）

No. 17. 漆下（漆）・蒲生（1718）

No. 18. 下与倉 1・吹上（1718）

No. 19. 一ッ木（虎居）下・宮之城（1719）

No. 20. 日当瀬甫・個人・宮之城（1719）

No. 21. 城下・宮之城（1719）

No. 22. 白川東・金峰（1720）

No. 23. 新田場・小林 M（1720）

No. 24. 清水・笠沙（1720 頃仮推）

No. 25. 平出水王城・大口（1721）

No. 26. 里七代・大口（1721）

No. 27. 下原田・回り・大口（1721）

No. 28. 竹山・樋脇（1722）

No. 29. 仲間・小林 M（1722）

No. 30. 中孝の子・小林 M（1722）

No. 31. 南島田・小林 M（1722）

No. 32. 黒葛原・横川（1723 推）

No. 33. 高牧（久末）・蒲生（1723 推）

No. 34. 久末中・個人・蒲生（1723）

No. 35. 花熟里・吹上（1723）

No. 36. 山田・谷山（1723）

No. 37. 永田・川辺（1724）

No. 38. 八日町・中島・えびの M（1724）

No. 39. 楠牟礼・下堤・小林 M（1724）

No. 40. 王子神社・高原 M（1724）

No. 41. 谷川・高崎 M（1724）

No. 42. 前田・栗須・高崎 M（1724）

No. 43. 八久保・高原 M（1724）

No. 44. 北中（北）・北村・蒲生（1725）

No. 45. 坪山・有明（1725）

No. 46. 斉之平・谷山（1725）

No. 47. 中内竪・えびの M（1725）

No. 48. 町・えびの M（1725）

No. 49. 細野水落・小林 M（1725）

No. 50. 東大出水・小林 M（1725）

No. 51. 上名 1・個人・串木野
（1726）

No. 52. 大牟田・荒場・高崎 M
（1726）

No. 53. 縄瀬・菅原神社前・高
崎 M（1726）

No. 54. 江平・炭床諏訪神社・
高崎 M（1726）

No. 55. 鍋倉 1・姶良（1727）

No. 56. 入佐巣山谷・松元（1727）

No. 57. 札下・谷山（1727）

No. 58. 下新田・高岡 M（1727）

No. 59. 田中豊受姫神社・菱刈
（1728）

No. 60. 市 野（大）・宮之城
（1728）

No. 61. 竹脇・山田 M（1728）

33

No. 62. 山田向江・田中・山田 M（1729）

No. 63. 向湯・樋脇（1730）

No. 64. 大牟田・上勢西・個人・高崎 M（1730）

No. 65. 下手1・個人・菱刈（1731）

No. 66. 御供田下・小鹿野・隼人（1731）

No. 67. 新七1・砂走・隼人（1731）

No. 68. 田原大下1・宮之城（1731）

No. 69. 黒木・矢立・祁答院（1731）

No. 70. 高貫公民館・川内隈之城（1731）

No. 71. 京田1・金峰（1731）

No. 72. 久保（川北）・根占（1731）

No. 73. 田代・田代（1731）

No. 74. 今別府・南西方・小林 M（1731）

No. 75. 木津志・宮之前・姶良（1732）

No. 76. 黒瀬・姶良（1732）

No. 77. 轟・市之瀬・祁答院（1732）

No.78. 宮崎・金峰（1732）

No.79. 検見崎・高山（1732）

No.80. 上深川1・横川（1733）

No.81. 湯田・鶴田（1733）

No.82. 中組（皆房）・鹿児島（1733）

No.83. 大王・大王神社・小林野尻M（1733）

No.84. 竪山・東市来（1734）

No.85. 新城1・垂水（1734）

No.86. 新城2・垂水（1734）

No.87. 竪神社・牧園（1735）

No.88. 蒲生町北・個人・蒲生（1735）

No.89. 干河上・加世田（1735推）

No.90. 下山田日吉・川辺（1735）

No.91. 中山田下之口・川辺（1735推）

No.92. 馬場・大根占（1735推）

No.93. 滝ノ下・谷山（1735推）

No. 94. 中原田・上園墓地・えびのM（1735 推）

No. 95. 江平・吉村・高崎M（1735 推）

No. 96. 穂満坊・高城M（1735 推）

No. 97. 青木2・大口（1736）

No. 98. 市原・個人・吉松（1736）

No. 99. 浅井野下・宮之城（1736）

No. 100. 上手・滝聞平瀬・祁答院（1736）

No. 101. 旧麓・喜入（1736）

No. 102. 入来・谷山（1736）

No. 103. 西佐多浦・鵜木・吉田（1736）

No. 104. 上薗・郡山（1736）

No. 105. 去川・高岡M（1736）

No. 106. 触田・姶良（1737）

No. 107. 浦之名・松下田1・入来（1737）

No. 108. 新山・金峰（1736）

No. 109. 本平・伊集院（1737）

36

No. 110. 東佐多浦・東下・吉田（1737）

No. 111. 唐崎・高岡 M（1737）

No. 112. 柚木崎・高岡 M（1737）

No. 113. 天昌寺・吹上（1738）

No. 114. 内田中善福・松元（1738）

No. 115. 下石野 2・串木野（1738）

No. 116. 井上・丸山・高岡 M（1738）

No. 117. 妹尾橋（高来）・川内（1738）

No. 118. 玉利・溝辺（1739）

No. 119. 小鳥神社 1・国分（1739）

No. 120. 高橋（久末）・蒲生（1739）

No. 121. 荻・東市来（1739）

No. 122. 湯田中央・東市来（1739）

No. 123. 粟野・高岡 M（1739）

No. 124. 新開・野立・加治木（1740）

No. 125. 宮田・東市来（1740）

No. 126. 十町二月田・指宿
（1740）

No. 127. 八代南俣籾木橋・国
富 M（1740）

No. 128. 須木・永田・小林 M
（1740）

No. 129. 内山田下 1・加世田
（1740 推）

No. 130. 的野・高岡 M（1741）

No. 131. 菖蒲谷 3 中・加治木
（1741）

No. 132. 川上・鹿児島（1741）

No. 133. 田中 1・加治木（1741）

No. 134. 乙田・内之浦（1742）

No. 135. 上倉 3・高岡 M（1742）

No. 136. 赤水 1・個人・横川
（1743）

No. 137. 湯原・双体・川内
（1743）

No. 138. 春山・森園・松元
（1743）

No. 139. 豊原（吉村）・有明
（1743）

No. 140. 大薗 2・野崎・高山
（1743）

No. 141. 加治佐上・知覧（1743
推）

No. 142. 水窪中シ山・栗野（1744）

No. 143. 木場松尾（黎明館）・栗野（1744）

No. 144. 紫尾田・横川（1744推）

No. 145. 斧渕（石堂）・東郷（1744）

No. 146. 中宮・個人・志布志（1744）

No. 147. 本城・荒毛・吉田（1745）

No. 148. 徳辺・菱刈（1745推）

No. 149. 立野2・小林M（1745推）

No. 150. 塚崎・高山（1746）

No. 151. 薬師堂前・国富M（1746）

No. 152. 坂下・串木野（1747）

No. 153. 北山中甑（野立）・姶良（1747）

No. 154. 下中・上土橋（中福良）・薩摩（1748）

No. 155. 下養母・東市来（1748）

No. 156. 深年・永田霊園・国富M（1748）

No. 157. 塗木・知覧（1748）

No. 158. 鉾之原・東市来（1749）

No. 159. 十町南迫田・指宿（1749）

No. 160. 金崎太良迫・宮崎 M
（1749）

No. 161. 前目・菱刈（1750）

No. 162. 尾白江中央・個人・川
内隈之城（1750）

No. 163. 小野 1・吹上（1750）

No. 164. 蒲牟田 1・高原 M
（1750）

No. 165. 入野・綾 M（1750）

2）江戸時代の田の神像 164 体の地域ごとの一覧表

■薩摩半島

年	伊集院	東市来	串木野	隈之城	川内	宮之城	鶴田
1688							
1689							
1690							
1691							
1692							
1693							
1694							
1695							
1696							
1697							
1698							
1699							
1700							
1701							5
1702							
1703							
1704							
1705							井手原
1706							
1707							
1708							
1709							
1710							
1711							
1712							
1713							
1714							
1715						19　20　21	
1716							
1717							
1718							
1719							
1720						一ツ木下　日当瀬甫　城下	
1721							
1722			51				
1723							
1724						60	
1725							
1726							
1727			上名1	70		市野	
1728							68
1729							
1730		84					81
1731				高貫公民館		99	
1732							
1733	109						
1734		堅山	115		117		
1735		121　122					
1736	本平	125				浅井野下	田原大下1
1737			下石野2				
1738		荻　湯田中央			妹尾橋（高来）		湯田
1739							
1740		宮田			137		
1741							
1742							
1743			152		湯原		
1744	155						
1745		158					
1746			坂下	162			
1747	下養母						
1748		鉾之原					
1749							
1750				尾白江中央			

	樋 脇	東 郷	入 来	薩 摩	祁答院	蒲 生
1688						
1689						
1690						
1691						
1692						
1693						
1694						
1695						
1696						
1697						
1698						
1699						
1700						
1701						
1702						
1703						
1704						
1705						
1706						
1707						
1708			9	10		
1709						
1710	12		副田・中組	副田・元村下1		
1711						
1712			14			
1713						
1714						17
1715	本庵					
1716			草木段			
1717						
1718	28					漆下
1719					33	34
1720					高牧	久末中
1721						44
1722						
1723	竹山					
1724						
1725						北中
1726	63				69	
1727						77
1728						
1729						
1730					黒木・矢立	
1731	向湯		107		轟・市之瀬	88
1732					100	
1733						
1734						蒲生町北
1735						120
1736			浦之名・松下田1		上手・滝間平瀬	
1737						
1738						
1739						
1740	145					高崎（久末）
1741						
1742						
1743						
1744			154			
1745	斧渕（石堂）					
1746						
1747						
1748			下中・上土橋			
1749						
1750						

	大　口	菱　刈	吉　松	栗　野	横　川	牧　園
1688						
1689						
1690						
1691						
1692						
1693						
1694						
1695						
1696						
1697						
1698						
1699						
1700						
1701						
1702						
1703						
1704						
1705						
1706				6		
1707						
1708						
1709						
1710				真中馬場		
1711						
1712						
1713						
1714						
1715						
1716						
1717	25　26　27					
1718						
1719					32	
1720						
1721	平出水王城　里七代　下原田					
1722						
1723					黒葛原	
1724		59				
1725						
1726						
1727		65				
1728						
1729		田中豊受姫神社			80	
1730						
1731		下手1				87
1732			98			
1733	97					
1734					上深川1	
1735						
1736						堅神社
1737	青木2		市原			
1738						
1739					136	
1740				142　143		144
1741	148					
1742						
1743						
1744					赤水1	
1745				水窪中シ山　木場松尾		紫尾田
1746	徳辺	161				
1747						
1748						
1749						
1750		前目				

溝 辺	隼 人	国 分	加治木	始 良
1688				
1689				
1690				
1691				
1692				
1693				
1694				
1695				
1696				
1697				
1698				
1699				
1700				
1701				
1702				
1703				
1704				
1705				
1706				
1707				
1708				
1709				11
1710				
1711				
1712				
1713				楠元

11
楠元

55
鍋倉1

75
木津志・宮之前

76
黒瀬

106
触田

66
御供田下・小鹿野

67
新七1・砂走

118
玉利

119
小鳥神社1

124
新開・野立

131
菖蒲谷3中

133
田中1

153
北山中甑

日 吉	吹 上	金 峰	加世田	笠 沙	川 辺	知 覧

1688
1689
1690
1691
1692
1693
1694
1695
1696
1697
1698
1699
1700
1701
1702
1703
1704
1705
1706
1707
1708
1709
1710
1711
1712
1713
1714
1715
1716
1717
1718
1719
1720
1721
1722
1723
1724
1725
1726
1727
1728
1729
1730
1731
1732
1733
1734
1735
1736
1737
1738
1739
1740
1741
1742
1743
1744
1745
1746
1747
1748
1749
1750

2 上山田有村
4 樋与上
7 山田
13 下馬場
15 高橋
16 中田尻
18 下与倉1
22 白川東
24 清水
35 花熟里
37 永田
71 京田1
78 宮崎
89 干河上
90 下山田日吉
91 中山田下之口
108 新山
113 天昌寺
129 内山田下1
141 加治佐上
157 塗木
163 小野1

45

年	枕崎	松元	吉田	郡山	鹿児島	谷山	喜入	指宿
1688								
1689								
1690								
1691								
1692								
1693								
1694								
1695								
1696								
1697								
1698								
1699								
1700								
1701								
1702								
1703								
1704								
1705								
1706	8							
1707								
1708								
1709								
1710								
1711	小園							
1712								
1713								
1714								
1715								
1716								
1717								
1718								
1719						36		
1720						山田		
1721						46		
1722								
1723		56				57		
1724								
1725								
1726						斉之平		
1727								
1728		入佐巣山谷				札下		
1729								
1730					82			
1731								
1732		103	110	104		93 / 102 / 101		
1733								
1734		114						
1735								
1736		西佐多浦・鵜木		上薗		滝ノ下		
1737		東佐多浦・東下			132	入来	旧麓	126
1738								
1739		内田中善福 / 138						
1740								
1741		147			川上			十町二月田
1742								
1743								
1744		春山・森園						
1745								
1746		本城・荒尾						159
1747								
1748								
1749								
1750								十町南迫田

■大隅半島

	財部	志布志	有明	高山	垂水	大根占	根占	田代	内之浦
1690									
1691									
1692	3 								
1693									
1694									
1695									
1696									
1697	上村（南地区）								
1698									
1699									
1700									
1701									
1702									
1703									
1704									
1705									
1706									
1707									
1708									
1709									
1710									
1711									
1712									
1713									
1714									
1715									
1716									
1717									
1718									
1719									
1720									
1721		45 							
1722									
1723									
1724									
1725									
1726		坪山							
1727						72 		73 	
1728			79 						
1729									
1730				85 	86 				
1731						92 	久保（川北）	田代	
1732			検見崎						
1733									
1734				新城1	新城2				
1735						馬場			
1736									
1737									
1738									134
1739		139 	140 						
1740	146 								
1741		豊原（吉村）	大園2・野崎						乙田
1742				150 					
1743									
1744	中宮								
1745				塚崎					
1746									
1747									
1748									
1749									
1750									

年	えびの				小 林				
1690									
1691									
1692									
1693									
1694									
1695									
1696									
1697									
1698									
1699									
1700									
1701									
1702									
1703									
1704									
1705									
1706									
1707									
1708									
1709									
1710									
1711									
1712									
1713									
1714									
1715									
1716				23					
1717									
1718					29	30	31		
1719									
1720	38							39	
1721		47	48	新田場					49
1722									
1723					仲間	中孝の子	南島田		
1724									
1725	八日町・中島	中内堅	町					橋牟礼・下堤	
1726									細野水落
1727				74					
1728									
1729									
1730	94								
1731									
1732				今別府・南西方					
1733									
1734									
1735	中原田・上園墓地								
1736				128					
1737									
1738									
1739									
1740				須木・永田					
1741									
1742				149					
1743									
1744									
1745									
1746				立野2					
1747									
1748									
1749									
1750									

1690	小　林	小林野尻	高　崎	高　原
1691				
1692				
1693				
1694				
1695				
1696				
1697				
1698				
1699				
1700				
1701				
1702				
1703				
1704				
1705				
1706				
1707				
1708				
1709				
1710				
1711				
1712				
1713				
1714				
1715				
1716				
1717				
1718				
1719				
1720		41	42	40　43

50 東大出水
41 谷川
42 前田・栗須
52 大牟田・荒場
53 縄瀬・菅原神社前
54 江平・炭床
40 王子神社
43 八久保
64 大牟田・上勢西
83 大王・大王神社
95 江平・吉村
164 蒲牟田1

	高岡				山田	高城	国富	綾	宮崎
1690									
1691									
1692									
1693									
1694									
1695									
1696									
1697									
1698									
1699									
1700									
1701									
1702									
1703									
1704									
1705									
1706									
1707									
1708									
1709									
1710									
1711									
1712									
1713									
1714									
1715									
1716									
1717									
1718									
1719									
1720									

58

下新田

61

竹脇

62

山田向江・田中

105

去川／130

的野

111

唐崎

112

柚木崎

116

丸山

123

粟野

135

上倉3

96

穂満坊

127

八代南俣籾木橋

151

薬師堂前

156

深年・永田霊園

165

入野

160

金崎太良迫

Ⅲ　江戸時代のすべての田の神像 621 体

1）田の神像建立草創期から江戸時代終期までの伝播の様子

図1.　～ 1699 年（鹿児島）

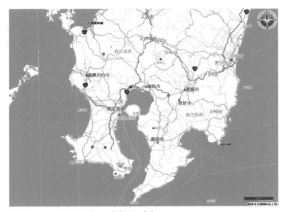

図2.　～ 1709 年（鹿児島）

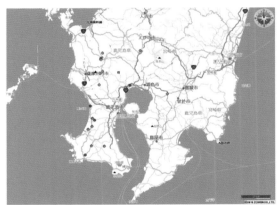

図3.　～ 1719 年（鹿児島）

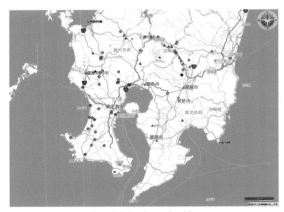

図4.　～ 1729 年（鹿児島＋宮崎）

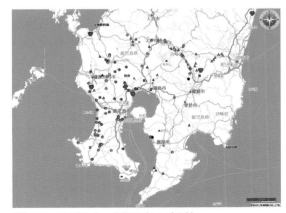

図5.　～ 1739 年（鹿児島＋宮崎）

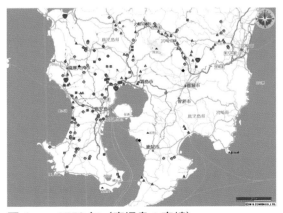

図6.　～ 1750 年（鹿児島＋宮崎）

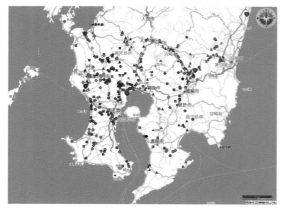

図7. ～1799年（鹿児島＋宮崎）

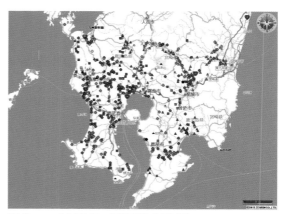

図8. ～1867年（鹿児島＋宮崎）

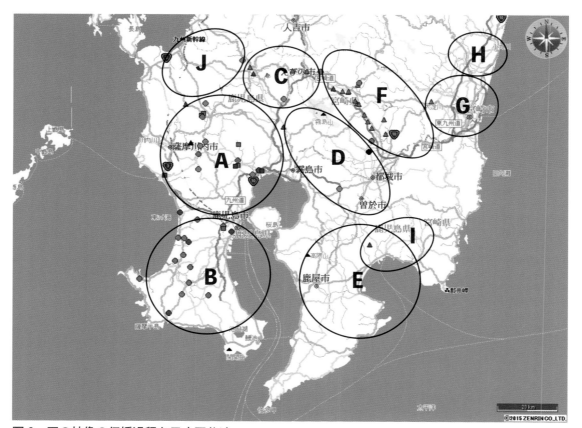

図9. 田の神像の伝播過程を示す区分け

●	仏像型	▲	神像型	■	田の神舞神職型	◎	農民女子型	▲	武神・武将型
◉	僧型	▲	神職型	■	農民型	◆	文字型	●	その他・不明
●	旅僧型	▲	神舞神像型	▨	二体並立型	◆	大黒型		

2）まとめ

拡がりの経過

地図の説明にあたって鹿児島藩を便宜上、下記の区域に分類した。

A 地区：薩摩中部西：鶴田、川内、宮之城、入来、薩摩、蒲生、加治木、始良など
B 地区：南薩方面：伊集院、日置、吹上、金峰、加世田、川辺、知覧、頴娃など
C 地区：伊佐地方：大口、菱刈、吉松、栗野など
D 地区：薩摩中部東：国分、財部、末吉、岩川など
E 地区：大隅半島：高山、鹿屋など
F 地区：宮崎・飯野、小林、高原、高崎、山田、都城など
G 地区：宮崎・高岡など
H 地区：宮崎・国富、綾など
I 地区：志布志、有明、大崎など
J 地区：阿久根、出水、高尾野など

① 1719 年まで
　A 地区（薩摩中部西）は、鶴田町・井出原の田の神像を北限に南に田の神像が増える。一方、B 地区（南薩方面）もその数を増す。
② 1729 年まで
　A 地区（薩摩中部西）の数が増える。B 地区（南薩方面）も数が増えて谷山まで拡がる。
　C 地区（伊佐地方）にも拡がり、F 地区（飯野、小林、高原、高崎、山田）には神職系の像が急速に数を増し、G 地区（高岡）にも見られる。
③ 1739 年まで
　A 地区（薩摩中部西）は加治木・始良まで拡がり、D 地区（薩摩中部東・国分）にも拡がる。B 地区（南薩方面）の数の増加は少ない。E 地区（大隅半島）に拡がり、根占にも見られる。G 地区（高岡方面）の増加が多い。
④ 1750 年まで
　A 地区（薩摩中部西）は全域に数を増す。B 地区（南薩方面）や溝辺・牧園も数を増し、指宿まで拡がる。C 地区（伊佐地方）、F 地区（小林・山田周辺）の増加は少なく、E 地区（大隅半島）で少し増加する。I 地区（志布志・有明）や H 地区（宮崎・国富）にも見られる。
　＊この時期までは阿久根・出水方面（J 地区）には田の神像は見られていない。
⑤〜 1800 年まで
　各地域において数を増すが、A 地区（薩摩中部西）、D 地区（薩摩中部東：末吉）、J 地区（阿久根、出水）、F 地区（小林、山田周辺）の都城方面での増加が目立つ。G 地区（宮崎・高岡）、H 地区（宮崎・国富）での増加も多い。

⑥〜1867年（江戸期終期）まで

鹿児島藩全域で拡がりが見られている。

　この図の、特に1729年までを見ると、田の神像の拡がりは鶴田町・井出原の田の神像から始まったＡ地区（薩摩中部西）と川辺勝目・有村の田の神像から始まったＢ地区（南薩方面）の２地区でそれぞれ田の神像が増えた印象を受ける。Ａ地区の田の神像には漆下の田の神像（No.17）、一ツ木（虎居）下の田の神像（No.19）などの動的な田の神像が見られる。Ｂ地区の田の神像は両足を揃えた立位の静的な像が多いようである。Ａ地区は海から離れやや山間地域であり、Ｂ地区は海岸線に沿った地域から山手に続く地域が多い。

Ⅳ　田の神像調査メモから

1）宮崎・高原町「八久保の田の神像」の建立年の変更

　　従来の表記　　：1838年（天保9年）4月
　　確認後の表記：1724年（享保9年）4月

No.40

　今日まで「天保九年　閏四月建立」の記載で長年内外に報じられてきた。2022年8月に行った今回の調査で「享保九年甲辰閏四月」と確認され、114年古いことが分かった。また、近くにある高原町「王子神社前の田の神像」と同年同月の刻銘であり、同時期に建立されたことが判明した。このことから、田の神像を製作する石工集団が存在したことも判明。後日、高原町教育委員会教育総務課に報告した。

2）宮崎・高原町「血捨て木の田の神像」（板碑）の記載梵字

　梵字：地蔵菩薩と判明

　（上の文字は地蔵菩薩、下の2文字は正統な文字ではない）

＊2022年10月に確認。
＊高野山大学名誉教授、高野山静涼院住職、博士（仏教学）、静慈圓氏に手紙を出しご教示いただく。

3）地中に埋められた小林野尻・菅原神社境内「随身（門守）像」

　境内の2体の随身（門守）像と古い社が取り壊され、2022年初夏頃に境内の地中に埋められた。随身像の一体に延享2（1745）年、毛利雅楽の刻字があり、石工毛利雅楽の作像を証明する貴重な像であった。写真は、以前の随身像と社。向かって右側の石像に刻字があった。

＊2022年8月に確認。

4）「天明5年乙巳」建立と判明した都城市高城町石山迫の田の神像の刻字

　神像型の田の神像。長年、3面をブロック塀に囲まれていたが、数年前に自宅の庭に移された。背面とブロック塀との間が狭く、背面の刻字の撮影は極めて困難である。
　市町の資料では建立年月不明扱いであったが、「天明五年　乙巳　九月吉日、奉建立　田ノ神」の刻字を確認。高城町内で刻字によって江戸時代建立と確認された田の神像は7体になる。2023年9月に都城市教育委員会文化財課に報告した。

No.333　天明5年（1785年）

5）金峰・池辺中の田の神像の建立年の刻字

　案内標識柱には享保5年（1720）の記載があるが、田の神像基礎台の後面には「文化2年　再口丑」の刻字があり、本書では文化2（1805）年として扱った。

No.407（前著No.384）

修験者：山伏・ヤンボシ。六十六（ドクッドン）とも呼ばれた。

　近世以後に幕府は山伏の全国行脚を禁じたため、山伏はすべて山を下りて村落に定住することになった。鹿児島藩ではこれらの山伏たちを統制するために、鹿児島の大乗院を拡張し、各郷すべてに配置された山伏寺との連絡専門の機関とした。したがって各地の山伏の情報はただちに藩庁に達せられるほどになり、大乗院は重要な存在となった（真言宗当山派）。

　暦、農事、家相・人相の相談、病気治療、葬祭万般について指導し、人々の相談に応じた。

　山伏は、村落における指導階級であった。

●山伏の残した活動の数々

1. 霧島講　南九州の広い範囲で行われている。稲の豊作祈願と成就報告のため、主として霧島神宮や霧島東神社などに講代表が参詣した。講代表は、神社のお札を貰って帰り、各戸に配るのが重要な役目であった。（当時、霧島山錫杖院華林寺を拠点として、修験僧（山伏）が大いに活躍した）

　死霊は霧島山に登り、祖霊となると信じられていた。霧島神を稲作の神、水神、穀霊としてきた人々の信仰は、水田耕作が広がりをみせたころから盛んになった。島津氏の霧島六所権現が栄え充実してから、信仰はなお深まった。この信仰の普及、稲の豊作を願う人々が霧島講を結成し、霧島参詣が盛んになったのには霧島の修験者や神官たちの布教活動によるものが大きかった。

2. 田の神像・田の神講　日本のほかの地方では地蔵像が盛行していた時期に薩摩に出現したものと思われる。田の神は単に像を祭られたばかりではなく、所によってはさまざまな形式で、村落の結束を強める「田の神講」が作られ、その集落の農耕作業や行事のうえで、多様な役割を担ってきたことに大きな意義がある。

3. 庚申待ち　田の神講と同じように集落団結の役割を演じた。田の神講より古い。中世には「結衆」、江戸時代には「講中」の名で庚申碑が残されている。頼母子講、伊勢講などとともに山伏関連である。

4. 馬頭観音　畜産は極めて重要との考えから、山伏が力を入れた。宮崎県高原町にある霞神社（霞権現）、霧島六観音池そばの馬頭観音への参拝のため午前0時頃には各地から出発していたが、これらの参拝行事にも山伏が関与していた。初午・鹿児島神宮近くにある正福寺には馬頭観音の行事がある。

5. 温泉指導　霧島、天降川河畔の温泉の利用を山伏が指導した。

6. お伊勢講　江戸時代、61年目毎にお参りする風習があった。瀬戸内海を航路、大阪から陸路を伊勢に参った。この手配などに山伏が協力した。

7. 勧業　人吉から船大工を呼び、川内川を利用して大口地方の米の集荷・出荷を進言した。藩の同調も得て実行した。

8. 無病息災の荒行

（出典：『霧島神宮』窪田仲市郎著）

＊山田郷の修験寺は宝生寺。高野山真言宗の末寺（当山派）である。

第4章　目に触れることの少ない室内型田の神像

I　室内型の田の神像

　室内型の田の神像は各家庭の室内にあるために、普通には目に触れることは少ない。その所有の形態は①集落の共同のもので、各家を毎年持ち回り、当番の家では1年間責任をもって管理し、順番に回していく「回り」の田の神像、②個人自身で初めから所有している田の神像がある。

　しかしながら、最初は回り田の神であったものが、共同体の各家が高齢化、参加者の減少、経済的な負担などの理由で、同じ家に置いたままのものや、最近は地域の公民館などに保管する形態が多いようであり、また同じ公民館で田の神講も開いている地域が多い。回り田の神像は同じ集落の関係者は見慣れているが、ほかの集落の人が接することは少なく、まして縁のない人の目に触れることは全くないであろう。以前は回り田の神であったものが、近年は戸外に置かれるようになったものもある。

　調査した田の神像3437体の中で江戸時代の建立と判断（一部推測あり）したものは621体であり、この中に44体の江戸時代の室内型田の神像が含まれている。

　　　全調査数3437体中　……　室内型田の神像630体
　　　室内型630体中　　……　江戸時代の製作判断できた田の神像44体

　今回、この江戸時代の作と判断した44体の紹介と、どのような地域で作られたかを地図上に示した。また、江戸時代か明治以降に作られたか判断できない製作時期不明の室内型田の神像68体も紹介する。

1）江戸時代の室内型田の神像44体の写真

＊室内型の田の神像のNo.にはSを付加した。
＊測定値はp88、89に掲載。

S1. 日当瀬甫・個人・宮之城（1719）

S2. 下原田・回り・大口（1721）

S3. 高牧（久末）・蒲生（1723 推）

S4. 蒲生町北・個人・蒲生（1735）

S5. 西佐多浦・鵜木・吉田（1736）

S6. 木場松尾（黎明館）・栗野（1744）

S7. 大山東中郷・姶良（1751）

S8. 岩戸（白男）・個人・蒲生（1753）

S9. 堀公民館 1 堀組・東郷（1759）

S10. 上名・内山田 1・姶良（1765 推）

S11. 川永野・川内隈之城（1769）

S12. 米丸 1・個人・蒲生（1772）

S13. 針持高野 2・大口（1776）

S14. 平岩避難所・出水（1784）

S15. 池山上（歴史資料館 2）・末吉（1784）

S16. 米丸 2・個人 B・蒲生（1786）

S17. 馬渡深川・公民館・横川（1792）

S18. 北山・中甑・個人・姶良（1792）

S19. 城下北・黎明館・個人・蒲生（1793）

S20. 西佐多浦西中 1・回り・吉田（1793）

S21. 久末中・回り2・蒲生（1794）

S22. 加治屋馬場公民館（峰山）・川内（1804）

S23. 中福良後公民館・加治木（1805）

S24. 里・元町実業・回り・大口（1816）

S25. 大崎新地・個人・大崎（1818）

S26. 高井田・回り・大崎（1823）

S27. 十日町・姶良（1824 推）

S28. 北山・山花公民館・姶良（1826）

S29. 針持堂山・大口（1828）

S30. 針持土瀬戸（甲）・大口（1829 推）

S31. 中原田2・個人・えびのM（1830）

S32. 下万膳・牧園（1836）

S33. 上門東・志布志（1838）

S34. 永野1・個人・薩摩（1839）

S35. 新開・中郷公民館1・加治木（1840）

S36. 杉水流・佐山・えびのM（1840）

S37. 溝端・個人・川内隈之城
（1849）

S38. 末吉新武田（歴史資料館
1）・末吉（1852）

S39. 木場・溝辺（1853）

S40. 吉ヶ谷（馬頭観音）・財
部（1855）

S41. 伊部野3公民館・加治木
（1860）

S42. 竹田・回り・吉松（1865）

S43. 上野井倉・個人・有明
（1865）

S44. 平城・志布志（1865）

2）江戸時代の室内型田の神像44体の分布図

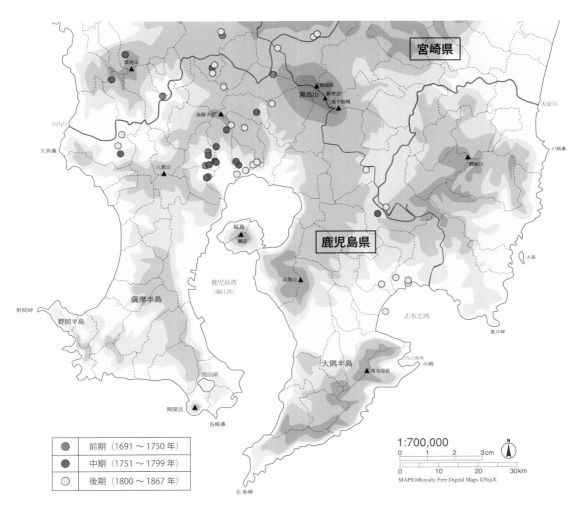

前期（1691〜1750年）
中期（1751〜1799年）
後期（1800〜1867年）

1:700,000

MAPIO/Royalty Free Digital Maps ©NijiX

3）製作時期不明の室内型田の神像68体の写真　＊製作時期は問わず。

S45. 個人Ｉ・吉松

S46. 堀之内・回り・吉松

S47. 中郡前・元回り・栗野

S48. 持松甲辺・個人・牧園

S49. 檍・牧園

S50. 小田・金床郷中 1・隼人

S51. 小田中央 2 上班郷中・元回り・隼人

S52. 市野々・加治木

S53. 川原・個人 S・加治木

S54. 日木山里・個人・加治木

S55. 辺川中・加治木

S56. 三池原上・蒲生

S57. 漆・大原郷中・回り・蒲生

S58. 真黒 2 大山・個人 Y・元回り・蒲生

S59. 川東下（上久徳）・蒲生

S60. 大原・蒲生

S61. 楠田北 1・個人 T・蒲生

S62. 米丸・個人 A・蒲生

S63. 北山・中甑・個人 C・姶良

S64. 大山西・公民館内・姶良

S65. 小鷹公民館2・庵袋組アフクロ・東郷

S66. 津田公民館・津田組・東郷

S67. 斧渕・五社上公民館2・東郷

S68. 本俣2・中組・東郷

S69. 宍野下3・個人K・東郷

S70. 山田下平木家・中央公民館・東郷

S71. 新田・鶴田

S72. 栗野・鶴田

S73. 久木野上・宮之城

S74. 宍川公民館中・回り・宮之城

S75. 登尾・回り・宮之城

S76. 一ツ木（虎居）・回り・宮之城

S77. 大村・豆ヶ野・回り・祁答院

S78. 蘭牟田・新屋敷・回り・祁答院

S79. 蘭牟田・麓・回り・祁答院

S80. 上狩宿・回り・薩摩

63

S81. 本庵・個人・樋脇

S82. 個人 K・川内亀山

S83. 長野 2・小・男・川内吉川城上

S84. 湯田・峠路上・回り・川内西方

S85. 宮崎原中園 4 班・回り・川内隈之城

S86. 木場谷上・回り・川内隈之城

S87. 中福良 3・4 班・川内隈之城

S88. 西川内 2・回り・川内八幡

S89. 田崎・個人 H・川内平佐

S90. 元・下大迫公民会 1 歴史資料・川内陽成

S91. 馬場自治公民館・川内永利

S92. 中の里・個人 H・吹上

S93. 上野西・個人 S・東市来

S94. 草良・回り・串木野

S95. 個人 J2・串木野

S96. 山之口・藤井家 1・郷土館・入来

S97. 曾木門前・回り・大口

S98. 重留南・菅原神社・菱刈

S99. 荒田上・回り・菱刈

S100. 本城町・菱刈

S101. 向江谷・鹿児島郡山

S102. 西佐多浦表郷・鹿児島吉田

S103. T家７・個人・鹿児島

S104. 本町・個人・財部

S105. 田中・個人Ｓ・大崎

S106. 下持留・個人１・大崎

S107. 上益丸・迫郷集会所・大崎

S108. 西井俣３班・大崎

S109. 栫谷・大崎

S110. 高吉・回り・有明

S111. 東原西・個人・有明

S112. 乙田・回り２・内之浦

Ⅱ　まとめ

1）江戸前期（〜 1750 年）

①記録の残っている中で一番古いのは 1719（享保 4）年：宮之城・日当瀬甫。この像は火事に遭っているそうで頭部は焦げ跡が残る。お腹の大きい座像。個人持ち。〈S1〉

② 1721（享保 6）年：大口・下原田の田の神像。現在も回り田の神が継続されている。木造でガラスケースに収めてある。〈S2〉

③ 1723（享保 8）年推：蒲生・高牧（久末）の田の神像。舌出しの田の神像。現在は屋外の小さな小屋の中に収まっている。化粧が施され口紅などが目立つ。この近辺には舌出しの田の神像がほかに 2 体あり、当時のお上への抵抗か？〈S3〉

　＊ 1720 年代は神職型の田の神像が小林・高崎・高原などを中心に一斉に作られ始めた時期である。

④ 1735（享保 20）年：蒲生町北（個人）の田の神像で、背部には年号のほかに「大村」の文字がある。隣町の祁答院・大村郷から移動してきたのであろう。〈S4〉

⑤ 1736（享保 21）年：前田喜八の作と言われている。室内型としては大きな像である。〈S5〉

⑥ 1744（寛保 4）年：栗野・木場松尾の田の神像は現在、黎明館に保管されている。〈S6〉

2）江戸中期（〜 1800 年）

①始良地区、蒲生地区、吉田地区で多く作られ、大口、横川、隈之城、出水（紫尾峠）、東郷に各 1 体、この地域とは離れて末吉地区に 1 体を見る。

3）江戸後期（〜 1867 年）

①大口・薩摩・牧園・溝辺・加治木・始良地区に群を作るように田の神像が増えてくる。
②財部・末吉から志布志・大崎方面に田の神像が増えてくる。
③えびの方面・川内方面にも増えてきている。
④一方、出水・阿久根方面、薩摩半島の南域、鹿屋・高山方面には室内型の田の神像を見ない。

　江戸時代の一般農民は田畑の個人所有は極めて貧しく、田の神像を持てたのは、よほど余裕のある地域か、地域の上層部（武士）の協力があった地域であろう。明治以降は一般農民も田畑を所有できて経済力も少しずつ増し、田の神像を作れるようになったと推察できる。

　また、田の神像が作られる際には、流行が来たかのようにある地域で一斉に作られており、一方で田の神像に無関心な地域では作られておらず、地域差が大きい。稲の収穫後は田の神像を囲んで田の神講が開かれ、集落の絆を深めたのだろう。十分な飲み食いができるようになると集落（門）ごとに田の神像の製作が盛んになったようである。

第 5 章　その他

前著における訂正事項

前著『江戸時代の鹿児島藩　田の神像のすべて』においての訂正項目を記す。

1）田の神像写真の変更

前著 No.64、「新七 1・砂走・隼人（1731）」の写真を No.67 に変更する。

〈誤〉No.64　　　　　　　　〈正〉No.67

2）年号等の変更

前著 No.	本著 No.	田の神の名前	地区名	変更前建立年	変更後建立年
489	43	八久保	高原 M	1838（天保 9）	1724（享保 9）
105	108	新山	金峰	1737（元文 2）	1736（元文 1）
373	394	神殿上里	川辺	1802（享保 2）	1802（享和 2）
528	416	浦之名・松下田 2 日の出	入来	1850（嘉永 3）	1807（文化 4）
266	342（284）	上倉	高岡 M	1777（安永 6）	1789（天明 9）

3）文字の読み方の変更

前著 125 ページ。

表中・総 No.70　　「曖」　誤：まかない　正：あつかい

資料編

I 江戸時代の田の神像 165 体の測定値

* 1750 年までを記載する。
* No.1「鎌倉2」1644（正保1）年は、昭和時代に墓碑を改造した経緯があり、統計処理から外している。

前著 No.	本著 No.	新名前	地区名	建立年	年号	彫りの形	総高	巾	奥	姿勢	像の種類	方角
2	2	上山田有村	川辺	1691	元禄4	丸彫り	70	37	30	立位	僧型	東
3	3	上村（南地区）	財部	1696	元禄9	浮彫り	71	38	18	立位	仏像	南
未記	4	樋与上トヨカン	知覧	1700 頃仮推	元禄13	丸彫り	97	57	33	立位	僧型	北西
4	5	井手原（紫尾）	鶴田	1705	宝永2	丸彫り	72	36	40	立位	仏像型	東
5	6	真中馬場	栗野	1710 推	宝永7	丸彫り	68	45	28	座位	仏像型	南西
6	7	山田	日吉	1710 推	宝永7	丸彫り	91	45	33	立位	旅僧型	北
7	8	小園	枕崎	1710 推	宝永7	丸彫り	75	43	29	腰掛	旅僧型	東
8	9	副田・中組	入来	1711	宝永8	丸彫り	69	47	34	立位	仏像型	北
9	10	副田・元村下1	入来	1711 推	宝永8	丸彫り	77	38	33	立位	仏像型	南西
10	11	楠元	姶良	1712	正徳2	浮彫り	73	37	30	座位	仏像型	南
11	12	本庵	樋脇	1714	正徳4	丸彫り	72	40	25	立位	武神型	東
12	13	下馬場	金峰	1715	正徳5	丸彫り	63	35	27	立位	僧型	北西
13	14	草木段	樋脇	1716	享保1	浮彫り	168	145	165	座位	仏像型	南
14	15	高橋	金峰	1716	享保1	丸彫り	75	32	25	立位	僧型	北
15	16	中田尻	吹上	1717	享保2	丸彫り	96	43	30	立位	僧型	西
16	17	漆下（漆）	蒲生	1718	享保3	丸彫り	86	40	35	中腰	田の神舞神職型	北
17	18	下与倉1	吹上	1718	享保3	丸彫り	88	30	26	立位	旅僧型	南西
18	19	一ツ木（虎居）下	宮之城	1719	享保4	丸彫り	84	45	32	立位	田の神舞神職型	南
19	20	日当瀬甫・個人	宮之城	1719	享保4	丸彫り	52	34	23	座位	僧型	室内
20	21	城下	宮之城	1719	享保4	丸彫り	51	28	23	中腰	田の神舞神職型	南
21	22	白川東	金峰	1720	享保5	丸彫り	86	34	28	立位	僧型	南西
22	23	新田場	小林M	1720	享保5	丸彫り	91	70	56	腰掛	神像型	東
未記	24	清水	笠沙	1720 頃仮推	享保5	丸彫り	84	37	45	立位	僧型	北東
23	25	平出水王城	大口	1721	享保6	丸彫り	83	49	47	座位	仏像型	東南
24	26	里七代	大口	1721	享保6	丸彫り	61	52	42	座位	神像型	南
25	27	下原田・回り	大口	1721	享保6	丸彫り	38.5	23	14	座位	神職型	
26	28	竹山	樋脇	1722	享保7	浮彫り	83	39	25	立位	僧型	北西
27	29	仲間	小林M	1722	享保7	丸彫り	120	64	63	立位	僧型	南西
28	30	中孝の子	小林M	1722	享保7	丸彫り	140	59	55	立位	神像型	南
29	31	南島田	小林M	1722	享保7	丸彫り	77	62	45	座位	神像型	東
30	32	黒葛原	横川	1723 推	享保8	丸彫り	59	39	29	座位	神職型	南
31	33	高牧（久末）	蒲生	1723 推	享保8	丸彫り	54	24	22	腰掛	農民型	

32	34	久末中・個人	蒲生	1723	享保8	丸彫り	80	34	28	立位	田の神舞 神職型	西
33	35	花熟里	吹上	1723	享保8	丸彫り	72	29	24	立位	僧型	北東
34	36	山田	谷山	1723	享保8	丸彫り	66	31	31	立位	僧型	南
35	37	永田	川辺	1724	享保9	丸彫り	112	50	48	立位	僧型	北
36	38	八日町・中島	えびのM	1724	享保9	丸彫り	78	63	45	腰掛	神像型	東南
37	39	楠牟礼・下堤	小林M	1724	享保9	丸彫り	72	63	46	座位	神像型	南西
38	40	王子神社	高原M	1724	享保9	丸彫り	84	77	51	腰掛	神像型	北東
39	41	谷川	高崎M	1724	享保9	丸彫り	84	77	55	腰掛	神像型	南
40	42	前田・栗須	高崎M	1724	享保9	丸彫り	87	73	52	腰掛	神像型	南西
489	43	八久保	高原M	1724	享保9	丸彫り	88	74	43	腰掛	神像型	東
41	44	北中（北）・北村	蒲生	1725	享保10	浮彫り	66	50	37	座位	僧型	南
42	45	坪山	有明	1725	享保10	丸彫り	61	57	38	胡座	神職型	東
43	46	斉之平	谷山	1725	享保10	丸彫り	83			立位	旅僧型	北西
44	47	中内竪	えびのM	1725	享保10	丸彫り	78	73	48	腰掛	神像型	東南
45	48	町	えびのM	1725	享保10	丸彫り	70	34	26	立位	僧型	西
46	49	細野水落	小林M	1725	享保10	丸彫り	78	75	46	座位	神像型	東南
47	50	東大出水	小林M	1725	享保10	丸彫り	94	72	55	腰掛	神職型	西
48	51	上名1・個人	串木野	1726	享保11	丸彫り	63	34	26	立位	農民型	東南
49	52	大牟田・荒場	高崎M	1726	享保11	丸彫り	84	61	46	腰掛	神像型	東南
50	53	縄瀬・菅原神社前	高崎M	1726	享保11	丸彫り	105	95	46	腰掛	神像型	東
51	54	江平・炭床 諏訪神社	高崎M	1726	享保11	丸彫り	106	60	48	腰掛	神像型	南西
52	55	鍋倉1	姶良	1727	享保12	石碑 浮彫り	64	27	20	立位	旅僧型	北西
53	56	入佐巣山谷	松元	1727	享保12	丸彫り	100	42	36	立位	僧型	西
54	57	札下	谷山	1727	享保12	丸彫り	87	48	28	中腰	田の神舞 神職型	南
55	58	下新田	高岡M	1727	享保12	浮彫り	70	57	38	座位	神像型	南西
56	59	田中豊受姫神社	菱刈	1728	享保13	文字	64	28	15		文字・ 自然石	南西
57	60	市野（大）	宮之城	1728	享保13	丸彫り	85	38	24	腰掛	旅僧型	南
58	61	竹脇	山田M	1728	享保13	台石のみ						
59	62	山田向江・田中	山田M	1729	享保14	丸彫り	83	68	33	腰掛	僧型	北東
60	63	向湯	樋脇	1730	享保15	文字	86	42	30		文字・ 自然石	南
61	64	大牟田・上勢西・ 個人	高崎M	1730	享保15	丸彫り	80	36	30	立位	田の神舞 神職型	東南
62	65	下手1・個人	菱刈	1731	享保16	丸彫り	60	38	18	座位	仏像型	西
63	66	御供田下・小鹿野	隼人	1731	享保16	丸彫り	75	49	38	立位	神職型	東
64	67	新七1・砂走	隼人	1731	享保16	文字	63	63	13		文字・ 自然石	南
65	68	田原大下1・個人	宮之城	1731	享保16	丸彫り	61	37	28	腰掛	旅僧型	室内
66	69	黒木・矢立	祁答院	1731	享保16	丸彫り	52	29	18	立位	旅僧型	西
67	70	高貫公民館	川内隈之城	1731	享保16	丸彫り	77	36		立位	僧型	北
68	71	京田1	金峰	1731	享保16	丸彫り	79	35	31	立位	僧型	南西

前著 No.	本著 No.	新名前	地区名	建立年	年号	彫りの形	総高	巾	奥	姿勢	像の種類	方角
69	72	久保（川北）	根占	1731	享保16	丸彫り	92	60	47	立位	神職型	西
70	73	田代	田代	1731	享保16	丸彫り	90	54	45	立位	神職型	東南
71	74	今別府・南西方	小林M	1731	享保16	丸彫り	62	60	38	座位	神像型	東南
72	75	木津志・宮之前	姶良	1732	享保17	丸彫り	96	70	60	中腰	田の神舞神職型	西
73	76	黒瀬	姶良	1732	享保17	石祠型	91	53	58		不明・その他	南
74	77	轟・市之瀬	祁答院	1732	享保17	浮彫り	73	38	30	立位	農民型	東
75	78	宮崎	金峰	1732	享保17	丸彫り	72	35	27	立位	僧型	北
76	79	検見崎	高山	1732	享保17	丸彫り	71	24	19	立位	僧型	西
77	80	上深川1・個人	横川	1733	享保18	丸彫り	48	38	27	胡座	僧型	南
78	81	湯田	鶴田	1733	享保18	丸彫り	82	34	27	立位	旅僧型	南西
79	82	中組（皆房）	鹿児島	1733	享保18	丸彫り	80	45	42	中腰	旅僧型	北西
80	83	大王・大王神社	小林野尻M	1733	享保18	丸彫り	72	74	37	座位	神像型	東
81	84	竪山	東市来	1734	享保19	丸彫り	54	25	21	立位	農民型	南西
82	85	新城1	垂水	1734	享保19	丸彫り	47	32	20	他	僧型	東南
83	86	新城2	垂水	1734	享保19	丸彫り	39	43	31	他	不明・その他	東南
84	87	竪神社	牧園	1735	享保20	丸彫り	51	40	26	座位	神像型	東南
85	88	蒲生町北・個人	蒲生	1735	享保20	丸彫り	80	30	25	立位	旅僧型	
86	89	干河上	加世田	1735推	享保20	丸彫り	92	49	32	立位	田の神舞神職型	東
87	90	下山田日吉	川辺	1735	享保20	丸彫り	75	43	30	立位	旅僧型	西
88	91	中山田下之口	川辺	1735推	享保20	丸彫り	63	46	33	立位	僧型	北
89	92	馬場	大根占	1735推	享保20	丸彫り	92	70	53	立位	農民型	東
90	93	滝ノ下	谷山	1735推	享保20	丸彫り	97	45	45	立位	僧型	南西
91	94	中原田・上園墓地	えびのM	1735推	享保20	丸彫り	72	72	42	腰掛	神像型	西
92	95	江平・吉村	高崎M	1735推	享保20	丸彫り	90	70	45	腰掛	神像型	南西
93	96	穂満坊	高城M	1735推	享保20	丸彫り	47	39	20	立位	農民型	南西
94	97	青木2	大口	1736	元文1	丸彫り	50	55	36	座位	神職型	東
95	98	市原・個人	吉松	1736	享保21	丸彫り	49	38	24	座位	神職型	西
96	99	浅井野下	宮之城	1736	元文1	丸彫り	72	28	31	腰掛	旅僧型	東
97	100	上手・滝聞平瀬	祁答院	1736	元文1	丸彫り	65	42	37	腰掛	旅僧型	北西
98	101	旧麓	喜入	1736	元文1	丸彫り	66	34	27	立位	農民型	東南
99	102	入来	谷山	1736	享保21	丸彫り	65	35	30	立位	僧型	東南
100	103	西佐多浦・鵜木	吉田	1736	享保21	丸彫り	87	44	43	立位	田の神舞神職型	室内
101	104	上薗	郡山	1736	元文1	丸彫り	88	47	38	中腰	旅僧型	西
102	105	去川	高岡M	1736	元文1	丸彫り	74	77	46	腰掛	神像型	東南
103	106	触田	姶良	1737	元文2	丸彫り	94	76	57	立位	田の神舞神職型	東
104	107	浦之名・松下田1	入来	1737	元文2	丸彫り	77	45	31	立位	旅僧型	南西
105	108	新山	金峰	1736	元文1	丸彫り	108	48	38	立位	農民型	北

106	109	本平	伊集院	1737	元文2	丸彫り	89	47	42	立位	田の神舞神職型	東南
107	110	東佐多浦・東下	吉田	1737	元文2	丸彫り	94	55	42	立位	田の神舞神職型	南西
108	111	唐崎	高岡M	1737	元文2	丸彫り	90	74	50	腰掛	神像型	北
109	112	柚木崎	高岡M	1737	元文2	丸彫り	107	76	56	座位	神像型	北西
110	113	天昌寺	吹上	1738	元文3	丸彫り	67	34	22	立位	農民型	東
111	114	内田中善福	松元	1738	元文3	丸彫り	41	29	17	立位	農民型	東南
112	115	下石野2	串木野	1738	元文3	丸彫り	83	34		立位	神像型	南
113	116	井上→丸山（丸山団地公園）	高岡M	1738	元文3	浮彫り	73	46	41	座位	神像型	南
未記	117	妹尾橋（高来）	川内	1738	元文3	丸彫り	68	36	27	立位	旅僧型	南
114	118	玉利	溝辺	1739	元文4	丸彫り	77	46	32	腰掛	農民型	南
115	119	小鳥神社1	国分	1739	元文4	丸彫り	40	41	25	胡座	神職型	南
116	120	高崎（久末）	蒲生	1739	元文4	丸彫り	64	46	36	立位	農民型	北
117	121	荻	東市来	1739	元文4	丸彫り	96	41	39	立位	神像型	東南
118	122	湯田中央	東市来	1739	元文4	丸彫り	85	44	35	立位	田の神舞神職型	西
119	123	粟野	高岡M	1739	元文4	浮彫り	57	45	42	座位	神像型	東南
120	124	新開・野立	加治木	1740	元文5	丸彫り	57	37	26	座位	神職型	東南
121	125	宮田	東市来	1740	元文5	丸彫り	61	30	25	立位	神職型	北
122	126	十町二月田	指宿	1740	元文5	丸彫り	71	33	32	腰掛	田の神舞神職型	北
123	127	八代南俣籾木橋	国富M	1740	元文5	角柱文字塔	61	41	36		加工石文字型	東
124	128	須木・永田	小林M	1740	元文5	丸彫り	70	43	17	立位	農民型	南東
未記	129	内山田下1	加世田	1740推	元文5	丸彫り	59	29	36	立位	農民型	西
125	130	的野	高岡M	1741	元文6	丸彫り	40	32	18	座位	神像型	北
126	131	菖蒲谷3中	加治木	1741	寛保1	丸彫り	38	39	32	座位	神像型	南西
127	132	川上	鹿児島	1741	寛保1	丸彫り	93	51	32	中腰	田の神舞神職型	南西
128	133	田中1	加治木	1741	寛保1	丸彫り	54	44	29	座位	神像型	北西
129	134	乙田	内之浦	1742	寛保2	丸彫り	54	30	26	腰掛	神像型	東
130	135	上倉3	高岡M	1742	寛保2	丸彫り	50	25	18	座位	神像型	南
131	136	赤水1・個人	横川	1743	寛保3	丸彫り	61	48	34	胡座	僧型	北西
132	137	湯原・双体	川内	1743	寛保3	浮彫り	88	92	60	立位	一石二体並立型	東南
133	138	春山・森園	松元	1743	寛保3	丸彫り	81	46	31	立位	旅僧型	南西
134	139	豊原（吉村）	有明	1743	寛保3	丸彫り	80	75	46	胡座	神職型	南西
135	140	大薗2・野崎	高山	1743	寛保3	丸彫り	93	37	34	立位	僧型	南西
136	141	加治佐上	知覧	1743推	寛保3	丸彫り	61	40	27	立位	農民型	北
137	142	水窪中シ山	栗野	1744	寛保4	丸彫り	51	36	27	立位	農民型	北
138	143	木場松尾（黎明館）	栗野	1744	寛保4	丸彫り	47	21	18	中腰	農民型	室内
139	144	紫尾田	横川	1744推	延享1	丸彫り	83	54	37	座位	神像型	東南
140	145	斧渕（石堂）	東郷	1744	延享1	丸彫り	71	30	23	立位	僧型	南西
141	146	中宮・個人	志布志	1744	延享1	丸彫り	67	60	44	胡座	神職型	西

前著 No.	本著 No.	新名前	地区名	建立年	年号	彫りの形	総高	巾	奥	姿勢	像の種類	方角
142	147	本城・荒毛	吉田	1745	延享 2	丸彫り	67	50	34	中腰	田の神舞 神職型	西
未記	148	徳辺	菱刈	1745 推	延享 2	丸彫り	89	70	47	座位	神像型	南
未記	149	立野 2	小林 M	1745 推	延享 2	丸彫り	86	50	48	腰掛	神職型	北東
143	150	塚崎	高山	1746	延享 3	丸彫り	90	39	28	立位	僧型	西
144	151	薬師堂前	国富 M	1746	延享 3	角柱 文字塔	42	34	28		加工石 文字型	南
145	152	坂下	串木野	1747	延享 4	丸彫り	94	40	36	立位	神像型	東
未記	153	北山中甑（野立）	始良	1747	延享 4	丸彫り	65	36	30	立位	田の神舞 神職型	南
146	154	下中・上土橋（中 福良）	薩摩	1748	延享 5	丸彫り	75	39	25	腰掛	旅僧型	西
147	155	下養母	東市来	1748	寛延 1	丸彫り	77	33	29	立位	神像型	南
148	156	深年・永田霊園	国富 M	1748	延享 5	角柱 文字塔	55	39	32		加工石 文字型	北
149	157	塗木	知覧	1748	延享 5	丸彫り	67	32	20	立位	僧型	南西
150	158	鉾之原	東市来	1749	寛延 2	丸彫り	94	39	34	立位	神像型	西
151	159	十町南迫田	指宿	1749	寛延 2	丸彫り	71	36	35	立位	田の神舞 神職型	北東
未記	160	金崎太良迫	宮崎 M	1749	寛延 2	丸彫り	53	38	33	座位	神像型	南東
152	161	前目	菱刈	1750	寛延 3	丸彫り	106	78	55	腰掛	神像型	西
153	162	尾白江中央・個人	川内隈之城	1750	寛延 3	丸彫り	73	42	43	立位	神職型	東
154	163	小野 1	吹上	1750	寛延 3	丸彫り	63	38	27	立位	農民型	南西
155	164	蒲牟田 1	高原 M	1750	寛延 3	丸彫り	70	56	37	座位	神像型	南西
156	165	入野	綾 M	1750	寛延 3	浮き彫り	46	28	15	座位	神像型	東

II 【建立年代順】江戸時代のすべての田の神像 621 体

前著No.	本著No.	新名前	地区名	建立年	年号
1	1	鍋倉2	始良	1644	昭和？
2	2	上山田有村	川辺	1691	元禄4
3	3	上村（南地区）	財部	1696	元禄9
未記	4	樋与上トヨカン	知覧	1700頃仮推	元禄13
4	5	井手原（紫尾）	鶴田	1705	宝永2
5	6	真中馬場	栗野	1710推	宝永7
6	7	山田	日吉	1710推	宝永7
7	8	小園	枕崎	1710推	宝永7
8	9	副田・中組	入来	1711	宝永8
9	10	副田・元村下1	入来	1711推	宝永8
10	11	楠元	始良	1712	正徳2
11	12	本庵	樋脇	1714	正徳4
12	13	下馬場	金峰	1715	正徳5
13	14	草木段	樋脇	1716	享保1
14	15	高橋	金峰	1716	享保1
15	16	中田尻	吹上	1717	享保2
16	17	漆下（漆）	蒲生	1718	享保3
17	18	下与倉1	吹上	1718	享保3
18	19	一ツ木（虎居）下	宮之城	1719	享保4
19	20	日当瀬甫・個人	宮之城	1719	享保4
20	21	城下	宮之城	1719	享保4
21	22	白川東	金峰	1720	享保5
22	23	新田場	小林M	1720	享保5
未記	24	清水	笠沙	1720頃仮推	享保5
23	25	平出水王城	大口	1721	享保6
24	26	里七代	大口	1721	享保6
25	27	下原田・回り	大口	1721	享保6
26	28	竹山	樋脇	1722	享保7
27	29	仲間	小林M	1722	享保7
28	30	中孝の子	小林M	1722	享保7
29	31	南島田	小林M	1722	享保7
30	32	黒葛原	横川	1723推	享保8
31	33	高牧（久末）	蒲生	1723推	享保8
32	34	久末中・個人	蒲生	1723	享保8
33	35	花熟里	吹上	1723	享保8
34	36	山田	谷山	1723	享保8
35	37	永田	川辺	1724	享保9
36	38	八日町・中島	えびのM	1724	享保9
37	39	楠牟礼・下堤	小林M	1724	享保9
38	40	王子神社	高原M	1724	享保9
39	41	谷川	高崎M	1724	享保9
40	42	前田・栗須	高崎M	1724	享保9
489	43	八久保	高原M	1724	享保9
41	44	北中（北）・北村	蒲生	1725	享保10
42	45	坪山	有明	1725	享保10
43	46	斉之平	谷山	1725	享保10
44	47	中内竪	えびのM	1725	享保10
45	48	町	えびのM	1725	享保10
46	49	細野水落	小林M	1725	享保10
47	50	東大出水	小林M	1725	享保10
48	51	上名1・個人	串木野	1726	享保11
49	52	大牟田・荒場	高崎M	1726	享保11
50	53	縄瀬・菅原神社前	高崎M	1726	享保11
51	54	江平・炭床諏訪神社	高崎M	1726	享保11
52	55	鍋倉1	始良	1727	享保12
53	56	入佐巣山谷	松元	1727	享保12
54	57	札下	谷山	1727	享保12
55	58	下新田	高岡M	1727	享保12
56	59	田中豊受姫神社	菱刈	1728	享保13
57	60	市野（大）	宮之城	1728	享保13
58	61	竹脇	山田M	1728	享保13
59	62	山田向江・田中	山田M	1729	享保14
60	63	向湯	樋脇	1730	享保15
61	64	大牟田・上勢西・個人	高崎M	1730	享保15
62	65	下手1・個人	菱刈	1731	享保16
63	66	御供田下・小鹿野	隼人	1731	享保16
64	67	新七1・砂走	隼人	1731	享保16
65	68	田原大下1・個人	宮之城	1731	享保16
66	69	黒木・矢立	祁答院	1731	享保16
67	70	高貫公民館	川内隈之城	1731	享保16
68	71	京田1	金峰	1731	享保16
69	72	久保（川北）	根占	1731	享保16
70	73	田代	田代	1731	享保16
71	74	今別府・南西方	小林M	1731	享保16
72	75	木津志・宮之前	始良	1732	享保17
73	76	黒瀬	始良	1732	享保17
74	77	轟・市之瀬	祁答院	1732	享保17
75	78	宮崎	金峰	1732	享保17
76	79	検見崎	高山	1732	享保17
77	80	上深川1・個人	横川	1733	享保18
78	81	湯田	鶴田	1733	享保18
79	82	中組（皆房）	鹿児島	1733	享保18
80	83	大王・大王神社	小林野尻M	1733	享保18
81	84	竪山	東市来	1734	享保19
82	85	新城1	垂水	1734	享保19

前著No.	本著No.	新名前	地区名	建立年	年号
83	86	新城2	垂水	1734	享保19
84	87	竪神社	牧園	1735	享保20
85	88	蒲生町北・個人	蒲生	1735	享保20
86	89	干河上	加世田	1735 推	享保20
87	90	下山田日吉	川辺	1735	享保20
88	91	中山田下之口	川辺	1735 推	享保20
89	92	馬場	大根占	1735 推	享保20
90	93	滝ノ下	谷山	1735 推	享保20
91	94	中原田・上園墓地	えびのM	1735 推	享保20
92	95	江平・吉村	高崎M	1735 推	享保20
93	96	穂満坊	高城M	1735 推	享保20
94	97	青木2	大口	1736	元文1
95	98	市原・個人	吉松	1736	享保21
96	99	浅井野下	宮之城	1736	元文1
97	100	上手・滝聞平瀬	祁答院	1736	元文1
98	101	旧麓	喜入	1736	元文1
99	102	入来	谷山	1736	享保21
100	103	西佐多浦・鵜木	吉田	1736	享保21
101	104	上薗	郡山	1736	元文1
102	105	去川	高岡M	1736	元文1
103	106	触田	姶良	1737	元文2
104	107	浦之名・松下田1	入来	1737	元文2
105	108	新山	金峰	1736	元文1
106	109	本平	伊集院	1737	元文2
107	110	東佐多浦・東下	吉田	1737	元文2
108	111	唐崎	高岡M	1737	元文2
109	112	柚木崎	高岡M	1737	元文2
110	113	天昌寺	吹上	1738	元文3
111	114	内田中善福	松元	1738	元文3
112	115	下石野2	串木野	1738	元文3
113	116	井上→丸山（丸山団地公園）	高岡M	1738	元文3
未記	117	妹尾橋（高来）	川内	1738	元文3
114	118	玉利	溝辺	1739	元文4
115	119	小鳥神社1	国分	1739	元文4
116	120	高崎（久末）	蒲生	1739	元文4
117	121	荻	東市来	1739	元文4
118	122	湯田中央	東市来	1739	元文4
119	123	粟野	高岡M	1739	元文4
120	124	新開・野立	加治木	1740	元文5
121	125	宮田	東市来	1740	元文5
122	126	十町二月田	指宿	1740	元文5
123	127	八代南俣籾木橋	国富M	1740	元文5
124	128	須木・永田	小林M	1740	元文5

前著No.	本著No.	新名前	地区名	建立年	年号
未記	129	内山田下	加世田	1740 推	元文5
125	130	的野	高岡M	1741	元文6
126	131	菖蒲谷3中	加治木	1741	寛保1
127	132	川上	鹿児島	1741	寛保1
128	133	田中1	加治木	1741	寛保1
129	134	乙田	内之浦	1742	寛保2
130	135	上倉3	高岡M	1742	寛保2
131	136	赤水1・個人	横川	1743	寛保3
132	137	湯原・双体	川内	1743	寛保3
133	138	春山・森園	松元	1743	寛保3
134	139	豊原（吉村）	有明	1743	寛保3
135	140	大薗2・野崎	高山	1743	寛保3
136	141	加治佐上	知覧	1743 推	寛保3
137	142	水窪中シ山	栗野	1744	寛保4
138	143	木場松尾（黎明館）	栗野	1744	寛保4
139	144	紫尾田	横川	1744 推	延享1
140	145	斧渕（石堂）	東郷	1744	延享1
141	146	中宮・個人	志布志	1744	延享1
142	147	本城・荒毛	吉田	1745	延享2
未記	148	徳辺	菱刈	1745 推	延享2
未記	149	立野2	小林M	1745 推	延享2
143	150	塚崎	高山	1746	延享3
144	151	薬師堂前	国富M	1746	延享3
145	152	坂下	串木野	1747	延享4
未記	153	北山中甑（野立）	姶良	1747	延享4
146	154	下中・上土橋（中福良）	薩摩	1748	延享5
147	155	下養母	東市来	1748	寛延1
148	156	深年・永田霊園	国富M	1748	延享5
149	157	塗木	知覧	1748	延享5
150	158	鉾之原	東市来	1749	寛延2
151	159	十町南迫田	指宿	1749	寛延2
未記	160	金崎太良迫	宮崎M	1749	寛延2
152	161	前目	菱刈	1750	寛延3
153	162	尾白江中央・個人	川内隈之城	1750	寛延3
154	163	小野1	吹上	1750	寛延3
155	164	蒲牟田1	高原M	1750	寛延3
156	165	入野	綾M	1750	寛延3
157	166	大山東中郷	姶良	1751	寛延4
158	167	内木場1	高尾野	1751	寛延4
159	168	神之川	東市来	1751	寛延4
160	169	野里町山下	鹿屋	1751	寛延4
161	170	新成・堂園	谷山	1751	寛延4
162	171	石山　新地	高城M	1751	宝暦1
163	172	高峯	宮之城	1752	宝暦2

前著No.	本著No.	新名前	地区名	建立年	年号
164	173	すすめ塚	谷山	1752	宝暦 2
165	174	上水流町麓 2	都城 M	1752	宝暦 2
166	175	岩戸（白男）・個人	蒲生	1753	宝暦 3
167	176	直木牟田	松元	1753	宝暦 3
168	177	中野・上野宅裏山	有明	1753	宝暦 3
169	178	山久保（井久保）	志布志	1753	宝暦 3
170	179	茄子田	郡山	1753	宝暦 3
171	180	八代南俣・門前橋	国富 M	1753	宝暦 3
未記	181	浮田城の下橋近	宮崎 M	1753	宝暦 3
172	182	川内・長島	長島	1754	宝暦 4
173	183	浦之名・竹原田・地頭	入来	1754	宝暦 4
174	184	後迫 2・個人	末吉	1754	宝暦 4
175	185	下須田木 2	大隅	1754	宝暦 4
176	186	深水	高岡 M	1754	宝暦 4
177	187	八代南俣・中別府	国富 M	1754	宝暦 4
未記	188	大平見	内之浦	1754	宝暦 4
178	189	今寺・行田 3・小	川内	1755	宝暦 5
179	190	西方中川・公民館	指宿	1755	宝暦 5
180	191	大牟田・高坂	高崎 M	1755	宝暦 5
181	192	川口	高岡 M	1755	宝暦 5
182	193	木ノ下	谷山	1756	宝暦 6
183	194	笹ノ段	牧園	1757	宝暦 7
184	195	笠ヶ原西	日吉	1757	宝暦 7
185	196	戸子田	薩摩	1758	宝暦 8
186	197	鈴	喜入	1758	宝暦 8
187	198	大谷	輝北	1758 推	宝暦 8
188	199	大牟田・牟礼水流	高崎 M	1758	宝暦 8
189	200	川東上（上久徳）	蒲生	1759	宝暦 9
190	201	堀公民館 1 堀組	東郷	1759	宝暦 9
191	202	小山田	高岡 M	1759	宝暦 9
192	203	二瀬元	輝北	1760	宝暦 10
未記	204	富吉	宮崎 M	1760	宝暦 10
193	205	建昌 2	始良	1761	宝暦 11
194	206	祝儀園 1	溝辺	1762 推	宝暦 12
195	207	溝口	牧園	1762	宝暦 12
196	208	西諏訪・郷土館 2	加治木	1762	宝暦 12
197	209	蕨野・星ヶ峯公園	谷山	1762	宝暦 12
198	210	飯富神社西 1	国分	1763	宝暦 13
199	211	隈原神社・公民館	加治木	1763	宝暦 13
200	212	浦之名・長平	入来	1763 推	宝暦 13
201	213	池田・新永吉 2	指宿	1763 推	宝暦 13
202	214	坊ノ下・寺上 1	川内	1764	明和 1
203	215	大角	鶴田	1765	明和 2
204	216	時吉・新地	宮之城	1765	明和 2
205	217	入角	大隅	1765	明和 2
206	218	上別府	鹿屋	1765	明和 2
207	219	田原	山之口 M	1765	明和 2
未記	220	上名・内山田 1	始良	1765 推	明和 2
208	221	山野熊野神社前	大口	1766	明和 3
209	222	山田倉平	山田 M	1766	明和 3
210	223	上木田・隈媛神社前	加治木	1767	明和 4
211	224	下花棚	鹿児島	1767	明和 4
212	225	三池原（下久徳）	蒲生	1768	明和 5
213	226	北上	蒲生	1768	明和 5
214	227	宮田上 1	宮之城	1768	明和 5
215	228	獅ノ子 3（木屋園・藤山橋近）	川内峰山	1768	明和 5
216	229	栗川	牧園	1769	明和 6
217	230	小田中央	隼人	1769	明和 6
218	231	浦之名・栗下	入来	1769	明和 6
219	232	元養母 1	東市来	1769	明和 6
220	233	深川南・個人	末吉	1769	明和 6
未記	234	川永野	川内隈之城	1769	明和 6
221	235	真孝・松山	隼人	1770	明和 7
222	236	山田・玉田	東郷	1770	明和 7
223	237	平後園	高山	1770	明和 7
未記	238	栗下 2	宮崎 M	1770	明和 7
224	239	一ツ木（虎居）上	宮之城	1771	明和 8
225	240	浦之名・鹿子田	入来	1771	明和 8
226	241	松元下	松元	1771	明和 8
227	242	成川下原 2	山川	1771	明和 8
228	243	財部城山 1・個人	財部	1771	明和 8
229	244	中原	末吉	1771	明和 8
230	245	内堀	末吉	1771	明和 8
231	246	宮下北	高山	1771	明和 8
232	247	大薗 1・野崎	高山	1771	明和 8
233	248	中福良（八幡神社）	吾平	1771	明和 8
234	249	丸谷町吉行・個人	都城 M	1771	明和 8
未記	250	安留	東串良	1771 推	明和 8
235	251	般若寺	吉松	1772	明和 9
236	252	山ノ口 1	始良	1772	明和 9

前著No.	本著No.	新名前	地区名	建立年	年号
237	253	米丸1・個人	蒲生	1772	明和9
238	254	古城	伊集院	1773	安永2
239	255	茅野	枕崎	1773 推	明和10
240	256	西田	鹿児島	1773	安永2
241	257	真方字市谷	小林M	1773	安永2
未記	258	飯牟礼下	伊集院	1773	安永2
242	259	於里	加治木	1774	安永3
243	260	田村1	末吉	1774	安永3
未記	261	熊ノ迫	小林M	1774	安永3
244	262	山ノ口2	姶良	1775	安永4
245	263	浦之名・原	入来	1775	安永4
246	264	真角・下名	吾平	1775	安永4
247	265	針持高野2	大口	1776	安永5
248	266	須抗	宮之城	1776	安永5
249	267	下手・羽有	薩摩	1776	安永5
250	268	中野・開田記念碑前	有明	1776	安永5
251	269	中島1	志布志	1776 推	安永5
252	270	田神・原田2	垂水	1776	安永5
253	271	岩満	都城M	1776	安永5
254	272	上手・滝聞井上	祁答院	1777	安永6
255	273	中津野	金峰	1777	安永6
256	274	田の湯山王	東市来	1777	安永6
257	275	荒川内	財部	1777	安永6
258	276	堂園	末吉	1777	安永6
259	277	法楽寺	末吉	1777	安永6
260	278	松山・豊留・個人	松山	1777	安永6
261	279	松山・川路・個人	松山	1777	安永6
262	280	本城下	高山	1777	安永6
263	281	神川	大根占	1777	安永6
264	282	前田・二日市	えびのM	1777	安永6
265	283	下川内	国分	1777	安永6
266	**284**	**上倉**	**高岡M**	**1777**	**安永6** ※
267	285	久満崎神社	国分	1778	安永7
268	286	寺師	姶良	1778	安永7
269	287	黒葛野	姶良	1778	安永7
270	288	万世慰霊塔1	加世田	1778	安永7
271	289	新村・梅ヶ渕橋横	鹿児島	1778	安永7
272	290	武1丁目	鹿児島	1778	安永7
273	291	大平1	郡山	1778	安永7
274	292	山田石風呂・個人	山田M	1778	安永7
275	293	深年・馬渡	国富M	1778	安永7

前著No.	本著No.	新名前	地区名	建立年	年号
276	294	徳永	加治木	1779	安永8
277	295	大迫（米丸）・個人	蒲生	1779	安永8
278	296	内布1	加世田	1779	安永8
279	297	閉山田1	財部	1779	安永8
280	298	中福良（白男）・公民館	蒲生	1780	安永9
281	299	大久保2・個人	高尾野	1780 推	安永9
282	300	大川原	財部	1780	安永9
283	301	祓川川東	鹿屋	1780	安永9
284	302	南横市町加治屋	都城M	1780 推	安永9
285	303	高野西	高岡M	1780	安永9
286	304	本城南方神社	菱刈	1781	天明1
287	305	下手須川	菱刈	1781	安永10
288	306	宮内	隼人	1781	天明1
289	307	迫	加治木	1781	安永10
290	308	大山	国分	1781	天明1
291	309	川口	谷山	1781	安永10
292	310	中金田	都城M	1781	安永10
293	311	蘭牟田・大坪	祁答院	1782	天明2
294	312	郡	伊集院	1782	天明2
295	313	白毛	末吉	1782	天明2
296	314	田神・原田1	垂水	1782	天明2
297	315	下川東4丁目・墓地内	都城M	1782	天明2
298	316	横市町母智丘	都城M	1782	天明2
299	317	沢牟田	樋脇	1783	天明3
300	318	上ノ原2	川内	1783	天明3
301	319	寺田	末吉	1783	天明3
302	320	中村	高山	1783	天明3
303	321	石原	溝辺	1784	天明4
304	322	平岩避難所	出水	1784	天明4
305	323	蘭牟田・砂石下	祁答院	1784	天明4
306	324	池山上	末吉	1784	天明4
307	325	縄瀬・大久保馬場	高崎M	1784	天明4
未記	326	伊崎田・中野・個人	有明	1784	天明4
308	327	麓2　紫尾神社裏道路	高尾野	1785	天明5
309	328	武田上	加世田	1785	天明5
310	329	大六野1・2体並立	串木野	1785	天明5
311	330	共和（縄瀬保育園南上）	高崎M	1785	天明5

※前著No.266、本著No.284「上倉・高岡M」の田の神像は2024年1月28日に「**建立年：1789年**」、「**年号：天明9年**」と判明した。正しくは、**本著No.342**となる。

前著No.	本著No.	新名前	地区名	建立年	年号
312	331	吉之元町折田代	都城 M	1785	天明 5
313	332	須志田飯盛	国富 M	1785	天明 5
未記	333	石山迫	高城 M	1785	天明 5
314	334	米丸 2・個人 B	蒲生	1786	天明 6
315	335	中原	高山	1786	天明 6
316	336	水流・菅原神社	えびの M	1786	天明 6
317	337	町倉	高崎 M	1786	天明 6
318	338	丸谷町吉行 2・個人	都城 M	1786	天明 6
319	339	高江・宝満神社横	川内	1787	天明 7
320	340	有水・岩屋ヶ野	高城 M	1787	天明 7
未記	341	山下・久保土橋	阿久根	1787	天明 7
321	342	大村・陣内	祁答院	1788	天明 8
322	343	里（乙）・個人	大口	1789	寛政 1
323	344	下殿包ノ原	大口	1789	寛政 1
324	345	下薄木	国分	1790	寛政 2
325	346	山崎	出水	1790	寛政 2
326	347	横尾 1・中・堤 1	出水	1790	寛政 2
327	348	小路下手・柏原	鶴田	1790	寛政 2
328	349	諏訪下	鶴田	1790	寛政 2
329	350	大村・松坂	祁答院	1790	寛政 2
330	351	祢地山	樋脇	1790	寛政 2
331	352	谷川内→西村（歴史館内）	財部	1790	寛政 2
332	353	茶円	吾平	1790	寛政 2
333	354	上手・秋上	祁答院	1791	寛政 3
334	355	轟・鬒木	祁答院	1791	寛政 3
335	356	寺下	郡山	1791	寛政 3
336	357	浮辺	知覧	1791	寛政 3
337	358	馬渡深川・公民館	横川	1792	寛政 4
338	359	北山・中甑・個人	姶良	1792	寛政 4
339	360	上手・早馬	祁答院	1792	寛政 4
340	361	直木山方	松元	1792	寛政 4
341	362	城下北・黎明館	蒲生	1793	寛政 5
342	363	山崎上	宮之城	1793	寛政 5
343	364	西佐多浦西中 1・回り	吉田	1793	寛政 5
344	365	久末中・回り 2	蒲生	1794	寛政 6
345	366	針持西方 2・個人	大口	1795	寛政 7
346	367	浦之名・平木場	入来	1795	寛政 7
347	368	神ണ下里（庚申塔）	川辺	1795	寛政 7

前著No.	本著No.	新名前	地区名	建立年	年号
348	369	有水七瀬谷	高城 M	1795	寛政 7
349	370	太郎坊町太郎坊 2	都城 M	1795	寛政 7
350	371	山野菅原神社前	大口	1796	寛政 8
351	372	井上	鶴田	1796	寛政 8
352	373	浦川内	鶴田	1796	寛政 8
353	374	八代北俣今平 1	国富 M	1796	寛政 8
354	375	浦之名・小豆迫	入来	1797	寛政 9
355	376	今寺・行田 2	川内	1797	寛政 9
356	377	丸谷町中大五郎 2	都城 M	1797	寛政 9
357	378	武	薩摩	1798	寛政 10
358	379	浦之名・天貴美	入来	1798	寛政 10
359	380	時吉町	宮之城	1799	寛政 11
360	381	上伊作田・野元	東市来	1799	寛政 11
361	382	本名・石下谷	吉田	1799	寛政 11
362	383	下水流町・水流神社内	都城 M	1799	寛政 11
363	384	長嶺 2	宮崎 M	1799	寛政 11
364	385	佳例川大屋敷比曽木野	福山	1800	寛政 12
365	386	中福良（白男）・個人	蒲生	1800	寛政 12
366	387	浦之名	金峰	1800	寛政 12
367	388	肥田	鹿児島	1800	寛政 12
368	389	梶原迫	谷山	1800	寛政 12
369	390	田中・五町	高岡 M	1800	寛政 12
370	391	生目・柏原	宮崎 M	1800	寛政 12
371	392	岡崎東	串良	1801	享永 1
372	393	三拾町 1	姶良	1802	享和 2
373	394	神殿上里	川辺	1802	享保 2
374	395	山下・後田	高山	1802	享和 2
375	396	大脇	高山	1803	享和 3
376	397	鏡原	吾平	1803	享和 3
377	398	野里町岡泉	鹿屋	1803	享和 3
未記	399	古城	横川	1803	享和 3
未記	400	生目・伊勢丸	宮崎 M	1803	享和 3
378	401	加治屋馬場公民館（峰山）	川内	1804	享和 4
379	402	上野町寺田・芝原 2	鹿屋	1804	享和 4
380	403	中福良後公民館	加治木	1805	文化 2
381	404	西田	姶良	1805	文化 2
382	405	木津志・堂崎・個人	姶良	1805	文化 2
383	406	大角（虎居）	宮之城	1805	文化 2
384	407	池辺中	金峰	1805	文化 2
385	408	歌丸	輝北	1805	文化 2
386	409	岡崎上公民館前	串良	1805	文化 2
未記	410	中ノ原公民館	川内	1805	文化 2

前著No.	本著No.	新名前	地区名	建立年	年号
387	411	下村・筒ヶ迫	吾平	1806	文化3
388	412	下中3（左）	出水	1807	文化4
389	413	蘭牟田・松之川内	祁答院	1807	文化4
390	414	下伊倉	東串良	1807	文化4
391	415	片前・面早流	高岡M	1807	文化4
528	416	浦之名・松下田2日の出	入来	1807	文化4
未記	417	上田尻	吹上	1807	文化4
392	418	上中・上屋田・堤	出水	1808	文化5
393	419	浦之名市野々1	入来	1808	文化5
394	420	浦之名・市野々3	入来	1808	文化5
395	421	太郎坊町太郎坊3	都城M	1808	文化5
396	422	大久保	志布志	1809	文化6
397	423	縄瀬・横谷共同墓地	高崎M	1809	文化6
398	424	八代南俣松ヶ迫墓地	国富M	1809	文化6
399	425	宮人大住・個人	大口	1810	文化7
400	426	副田・辻原	入来	1810推	文化7
401	427	浦之名・長野下	入来	1810推	文化7
402	428	扇山	金峰	1810	文化7
403	429	麓・南方神社北	串木野	1810	文化7
404	430	平佐・草原公民館	川内峰山	1811	文化8
405	431	刈原田1	財部	1811	文化8
406	432	鍋	有明	1811	文化8
407	433	田崎町	鹿屋	1811	文化8
408	434	山崎草田	宮之城	1812	文化9
409	435	富山南	高山	1812	文化9
410	436	白川中	金峰	1813	文化10
411	437	田原公民館	牧園	1814	文化11
412	438	尾下	金峰	1814	文化11
413	439	田中1	大崎	1814	文化11
414	440	山口M	高岡M	1814	文化11
415	441	古馬場上	姶良	1814	文化11
未記	442	山下・南町	鹿屋	1814	文化11
416	443	横瀬2	牧園	1815	文化12
417	444	上津貫	加世田	1815	文化12
418	445	丸谷町薄谷・個人	都城M	1815	文化12
419	446	里・元町実業	大口	1816	文化13
420	447	里・元町実業・回り	大口	1816	文化13
421	448	上川添	吉松	1816	文化13
422	449	内小川田	宮之城	1816	文化13
423	450	牧淵別府	頴娃	1816	文化13
424	451	佃	頴娃	1816	文化13
425	452	下田・川添	鹿児島	1816	文化13
426	453	橋口・宮内橋近	川内	1817	文化14
未記	454	大塚町八所	宮崎M	1817推	文化14
427	455	西反土後	加治木	1818	文政1
428	456	地頭所	加世田	1818推	文化15
429	457	大崎新地・個人	大崎	1818	文政1
430	458	丸谷町中大五郎1	都城M	1818	文政1
431	459	田の平2	高岡M	1818	文化15
432	460	隈之城	川内隈之城	1819	文政2
433	461	小湊大木場尻1	加世田	1819	文政2
434	462	上浦・岡元小東	えびのM	1819	文政2
435	463	府鳥	牧園	1821	文政4
436	464	二福城跡2	川内隈之城	1821	文政4
437	465	平床1・個人	志布志	1821	文政4
438	466	内村・内	隼人	1822	文政5
439	467	立小野1	大崎	1822	文政5
440	468	芝手1	高岡M	1822	文政5
未記	469	矢立1（高来）	川内	1822	文政5
441	470	平出水仁恵ノ木	大口	1823	文政6
442	471	内田佐方	加世田	1823	文政6
443	472	高井田・回り	大崎	1823	文政6
444	473	八代北俣尾園1	国富M	1823	文政6
445	474	下殿高津原	大口	1824	文政7
446	475	十日町	姶良	1824推	文政7
447	476	下荒田・個人	菱刈	1825	文政8
448	477	下植村2・個人	横川	1825	文政8
449	478	北山・山花	姶良	1826	文政9
450	479	坊ノ下・寺上（峰山）	川内	1826	文政9
451	480	唐仁原	加世田	1826	文政9
452	481	乙房町馬場・乙房神社	都城M	1826	文政9
453	482	中島2	志布志	1827	文政10
454	483	森永・浦の田	国富M	1827	文政10
455	484	森永	国富M	1827	文政10
456	485	針持堂山	大口	1828	文政11
457	486	八代北俣尾園2	国富M	1828	文政11
458	487	針持土瀬戸（甲）	大口	1829推	文政12
459	488	弓木野1	阿久根	1829	文政12
460	489	弓木野2	阿久根	1829	文政12
461	490	上野町寺田・芝原1	鹿屋	1829	文政12
462	491	高城町桜木	都城M	1829	文政12
463	492	宮里町1（体育館付近）	川内	1830	文政13

前著No.	本著No.	新名前	地区名	建立年	年号
464	493	中原田2・個人	えびのM	1830	文政13
465	494	本庄一丁田	国富M	1830	文政13
466	495	八代南俣大坪橋	国富M	1830	文政13
467	496	南春向	頴娃	1830 推	文政13
468	497	時吉・馬場	宮之城	1831	文政14
469	498	表川内	阿久根	1832	天保3
470	499	宮崎・下麦交差点外	川内隈之城	1832	天保3
471	500	天辰馬場・淵脇・角柱（峰山）	川内	1833	天保4
472	501	青井岳飛松	山之口M	1833	天保4
473	502	中郷公民館庭	串良	1834	天保5
474	503	太郎坊町太郎坊1	都城M	1834	天保5
475	504	八代北俣今平2	国富M	1834	天保5
476	505	内田下	松元	1834	天保5
477	506	前田割付・個人	高崎M	1835	天保6
478	507	亀鶴園	吉松	1836	天保7
479	508	下万膳	牧園	1836	天保7
480	509	浦之名・堂園	入来	1836	天保7
481	510	内門	市来	1836	天保7
482	511	松山・桃木・個人	松山	1836	天保7
483	512	中宮2	志布志	1836	天保7
484	513	西横間2	高山	1836	天保7
485	514	隈之城公民館庭	川内隈之城	1837	天保8
486	515	下水流町平原	都城M	1837	天保8
487	516	上ノ原	小林M野尻	1837	天保8
488	517	上門東	志布志	1838	天保9
490	518	町	吉松	1839	天保10
491	519	永野1・個人	薩摩	1839	天保10
492	520	宮脇1（水路上）	志布志	1839	天保10
493	521	堀浦	えびのM	1839	天保10
494	522	新開・中郷公民館内	加治木	1840	天保11
495	523	江川野	出水	1840	天保11
496	524	杉水流・佐山	えびのM	1840	天保11
未記	525	網津町井上2（網津）	川内	1840	天保11
497	526	波見下	高山	1841	天保12
498	527	西迫	吾平	1841	天保12
未記	528	牧迫・一条院	川内陽成	1841	天保12
未記	529	中麦・妙徳寺	川内陽成	1841	天保12
未記	530	宮子平・宮田橋	川内陽成	1841	天保12
499	531	下石野3・個人	串木野	1842	天保13
500	532	鏑流馬原1・双体	串木野	1842	天保13
501	533	吉村	小林野尻M	1842	天保13
502	534	味噌桶	高岡M	1842	天保13
503	535	本城宇都	菱刈	1843	天保14
504	536	日木山里	加治木	1843 推	天保14
505	537	麥・個人	川内隈之城	1844	天保15
506	538	野元	串木野	1844	天保15
507	539	松ヶ野1	高尾野	1846	弘化3
508	540	滄浪・諏訪神社1	川内	1846	弘化3
509	541	松元上・三松川無	小林M	1846	弘化3
510	542	古屋・入野神社	綾M	1846	弘化3
511	543	小村新田	国分	1847	弘化4
512	544	寺迫	市来	1847	弘化4
513	545	池の原・椨木ヶ迫	市来	1847	弘化4
514	546	御領	頴娃	1847	弘化4
515	547	広津田	大隈	1847	弘化4
516	548	森山・田中神社前	志布志	1847	弘化4
517	549	東原田・八幡墓地	えびのM	1847	弘化4
518	550	石山萩原	高城M	1847	弘化4
519	551	橋之浦東	阿久根	1848	嘉永1
520	552	永田2	阿久根	1848	弘化5
521	553	大下・多田大下	阿久根	1848	弘化5
522	554	副田・元村下2	入来	1848	嘉永1
523	555	湯田堀内	東市来	1848	弘化5
524	556	溝端・個人	川内隈之城	1849	嘉永2
525	557	益山中小路1	加世田	1849	嘉永2
526	558	牟田畑	鹿屋	1849	嘉永2
527	559	副田・山口	入来	1850	嘉永3
529	560	浦之名・清浦	入来	1850	嘉永3
530	561	並木	高原M	1850 推	嘉永3
531	562	出口	高原M	1850 推	嘉永3
532	563	下井	国分	1851 推	嘉永4
533	564	箱崎八幡神社境内隣	出水	1851	嘉永4
534	565	塩屋堀	金峰	1851	嘉永4
535	566	高木町高木	都城M	1851	嘉永4
536	567	向田・日暮	川内	1852	嘉永5
537	568	清水水元神社	川辺	1852	嘉永5
538	569	末吉新武田	末吉	1852	嘉永5
539	570	福島渡	志布志	1852	嘉永5
540	571	青井岳天神ダム	山之口M	1852	嘉永5
未記	572	本川・柿田2	川内陽成	1852	嘉永5
541	573	木場	溝辺	1853	嘉永6
542	574	上水流町麓1	都城M	1853	嘉永6

前著No.	本著No.	新名前	地区名	建立年	年号
543	575	夏尾町東牛之脛	都城 M	1853	嘉永 6
544	576	田の平	高岡 M	1853	嘉永 6
545	577	池田・新永吉 1	指宿	1854	嘉永 7
546	578	中霧島池之原	山田 M	1854	嘉永 7
547	579	中霧島古江薩摩迫	山田 M	1854	嘉永 7
548	580	栫・鶴川内栫	阿久根	1855	安政 2
549	581	池辺稲葉	金峰	1855	安政 2
550	582	吉ヶ谷（馬頭観音）	財部	1855	安政 2
551	583	野下	東市来	1856	安政 3
552	584	提水流 1・個人	加治木	1857	安政 4
553	585	木場ヶ迫・坂元	末吉	1857	安政 4
554	586	尾谷	高岡 M	1857	安政 4
未記	587	下尾 1・川添	小林須木 M	1858	安政 5
555	588	下山 2	高尾野	1859	安政 6
556	589	東方二月田 1	指宿	1859 推	安政 6
557	590	七窪（下田）・個人	鹿児島	1859	安政 6
558	591	鶴丸	吉松	1860	安政 7
559	592	伊部野 3 公民館	加治木	1860	萬延 1
560	593	楠元下 1 公民館近（峰山）	川内	1860	萬延 1
561	594	河内・双体	串木野	1860	萬延 1
562	595	徳枡	三股 M	1861	文久 1
563	596	下石野 1・双体	串木野	1862	文久 2
564	597	福薗・双体	串木野	1862	文久 2
565	598	袴田 1・2 体並立	串木野	1862	文久 2
566	599	麓・双体	串木野	1862	文久 2
567	600	別府下	串木野	1862	文久 2
568	601	田床	志布志	1862	文久 2
569	602	夏井	志布志	1862	文久 2
未記	603	鴨池新町・個人	鹿児島	1862	文久 2
570	604	下中 2	出水	1863 推	文久 3
571	605	大下	宮之城	1863	文久 3
572	606	醉之尾	串木野	1863	文久 3
573	607	柳井谷	志布志	1863	文久 3
574	608	竹田	吉松	1865	慶応 1
575	609	中大谷	大隅	1865	元治 2
576	610	上野井倉・個人	有明	1865	慶応 1
577	611	平城	志布志	1865	元治 2
578	612	上水流	高尾野	1866	慶応 2
579	613	菅原 1	高山	1866	慶応 2
580	614	長嶺 1	宮崎 M	1866	慶応 2
581	615	八坊 3・大将軍神社前	出水	1867	慶応 3

前著No.	本著No.	新名前	地区名	建立年	年号
582	616	横尾 2・中・堤 2	出水	1867	慶応 3
583	617	木串 1	高尾野	1867	慶応 3
584	618	上段後	樋脇	1867	慶応 3
585	619	谷山長太郎窯 2	谷山	1867	慶応 3
未記	620	宮下南 1	高山	1868	慶応 4
未記	621	生目・上小村	宮崎 M	1868 推	慶応 4

Ⅲ 【各市町別】江戸時代のすべての田の神像 621 体

地区名	新名前	前著No.	本著No.	建立年	年号
大口	平出水王城	23	25	1721	享保 6
大口	里七代	24	26	1721	享保 6
大口	下原田・回り	25	27	1721	享保 6
大口	青木 2	94	97	1736	元文 1
大口	山野熊野神社前	208	221	1766	明和 3
大口	針持高野 2	247	265	1776	安永 5
大口	里（乙）・個人	322	343	1789	寛政 1
大口	下殿包ノ原	323	344	1789	寛政 1
大口	針持西方 2・個人	345	366	1795	寛政 7
大口	山野菅原神社前	350	371	1796	寛政 8
大口	宮人大住・個人	399	425	1810	文化 7
大口	里・元町実業	419	446	1816	文化 13
大口	里・元町実業・回り	420	447	1816	文化 13
大口	平出水仁恵ノ木	441	470	1823	文政 6
大口	下殿高津原	445	474	1824	文政 7
大口	針持堂山	456	485	1828	文政 11
大口	針持土瀬戸（甲）	458	487	1829 推	文政 12
菱刈	田中豊受姫神社	56	59	1728	享保 13
菱刈	下手 1・個人	62	65	1731	享保 16
菱刈	徳辺	未記	148	1745 推	延享 2
菱刈	前目	152	161	1750	寛延 3
菱刈	本城南方神社	286	304	1781	天明 1
菱刈	下手須川	287	305	1781	安永 10
菱刈	下荒田 2・個人	447	476	1825	文政 8
菱刈	本城宇都	503	535	1843	天保 14
吉松	市原・個人	95	98	1736	享保 21
吉松	般若寺	235	251	1772	明和 9
吉松	上川添	421	448	1816	文化 13
吉松	亀鶴園	478	507	1836	天保 7
吉松	町	490	518	1839	天保 10
吉松	鶴丸	558	591	1860	安政 7
吉松	竹田	574	608	1865	慶応 1
栗野	真中馬場	5	6	1710 推	宝永 7
栗野	水窪中シ山	137	142	1744	寛保 4
栗野	木場松尾（黎明館）	138	143	1744	寛保 4
横川	黒葛原	30	32	1723 推	享保 8
横川	上深川 1・個人	77	80	1733	享保 18
横川	赤水 1・個人	131	136	1743	寛保 3
横川	紫尾田	139	144	1744 推	延享 1
横川	馬渡深川公民館	337	358	1792	寛政 4
横川	古城	未記	399	1803	享和 3
横川	下植村 2・個人	448	477	1825	文政 8
溝辺	玉利	114	118	1739	元文 4
溝辺	祝儀園 1	194	206	1762 推	宝暦 12
溝辺	石原	303	321	1784	天明 4
溝辺	木場	541	573	1853	嘉永 6
牧園	竪神社	84	87	1735	享保 20
牧園	笹ノ段	183	194	1757	宝暦 7
牧園	溝口	195	207	1762	宝暦 12
牧園	栗川	216	229	1769	明和 6
牧園	田原公民館	411	437	1814	文化 11
牧園	横瀬 2	416	443	1815	文化 12
牧園	府鳥	435	463	1821	文政 4
牧園	下万膳	479	508	1836	天保 7
隼人	御供田下・小鹿野	63	66	1731	享保 16
隼人	新七 1・砂走	64	67	1731	享保 16
隼人	小田中央	217	230	1769	明和 6
隼人	真孝・松山	221	235	1770	明和 7
隼人	宮内	288	306	1781	天明 1
隼人	内村・内	438	466	1822	文政 5
国分	小鳥神社 1	115	119	1739	元文 4
国分	飯富神社西 1	198	210	1763	宝暦 13
国分	下川内	265	283	1777	安永 6
国分	久満崎神社	267	285	1778	安永 7
国分	大山	290	308	1781	天明 1
国分	下薄木	324	345	1790	寛政 2
国分	小村新田	511	543	1847	弘化 4
国分	下井	532	563	1851 推	嘉永 4
福山	佳例川大屋敷比曽木野	364	385	1800	寛政 12
加治木	新開・野立	120	124	1740	元文 5
加治木	菖蒲谷 3 中	126	131	1741	寛保 1
加治木	田中 1	128	133	1741	寛保 1
加治木	西諏訪・郷土館 2	196	208	1762	宝暦 12
加治木	隈原神社・公民館	199	211	1763	宝暦 13
加治木	上木田・隈媛神社前	210	223	1767	明和 4
加治木	於里	242	259	1774	安永 3
加治木	徳永	276	294	1779	安永 8
加治木	迫	289	307	1781	安永 10
加治木	中福良後公民館	380	403	1805	文化 2
加治木	西反土後	427	455	1818	文政 1
加治木	新開・中郷公民館内	494	522	1840	天保 11
加治木	日木山里	504	536	1843 推	天保 14
加治木	提水流 1・個人	552	592	1857	安政 4
加治木	伊部野 3・公民館	559	584	1860	萬延 1
始良	楠元	10	11	1712	正徳 2
始良	鍋倉 1	52	55	1727	享保 12
始良	木津志・宮之前	72	75	1732	享保 17
始良	黒瀬	73	76	1732	享保 17
始良	触田	103	106	1737	元文 2

地区名	新名前	前著No.	本著No.	建立年	年号
姶良	北山中甑（野立）	未記	153	1747	延享 4
姶良	大山東中郷	157	166	1751	寛延 4
姶良	建昌 2	193	205	1761	宝暦 11
姶良	上名・内山田 1	未記	220	1765 推	明和 2
姶良	山ノ口 1	236	252	1772	明和 9
姶良	山ノ口 2	244	262	1775	安永 4
姶良	寺師	268	286	1778	安永 7
姶良	黒葛野	269	287	1778	安永 7
姶良	北山・中甑・個人	338	359	1792	寛政 4
姶良	三拾町 1	372	393	1802	享和 2
姶良	西田	381	404	1805	文化 2
姶良	木津志・堂崎・個人	382	405	1805	文化 2
姶良	古馬場上	415	441	1814	文化 11
姶良	十日町	446	475	1824 推	文政 7
姶良	北山・山花	449	478	1826	文政 9
蒲生	漆下（漆）	16	17	1718	享保 3
蒲生	高牧（久末）	31	33	1723	享保 8
蒲生	久末中・個人	32	34	1723	享保 8
蒲生	北中（北）・北村	41	44	1725	享保 10
蒲生	蒲生町北・個人	85	88	1735	享保 20
蒲生	高崎（久末）	116	120	1739	元文 4
蒲生	岩戸（白男）・個人	166	175	1753	宝暦 3
蒲生	川東上（上久徳）	189	200	1759	宝暦 9
蒲生	三池原（下久徳）	212	225	1768	明和 5
蒲生	北上	213	226	1768	明和 5
蒲生	米丸 1・個人	237	253	1772	明和 9
蒲生	大迫（米丸）・個人	277	295	1779	安永 8
蒲生	中福良（白男）・公民館	280	298	1780	安永 9
蒲生	米丸 2・個人 B	314	334	1786	天明 6
蒲生	城下（北）黎明館	341	362	1793	寛政 5
蒲生	久末中・回り 2	344	365	1794	寛政 6
蒲生	中福良（白男）・個人	365	386	1800	寛政 12
出水	平岩避難所	304	322	1784	天明 4
出水	山崎	325	346	1790	寛政 2
出水	横尾 1・中・の堤 1	326	347	1790	寛政 2
出水	下中 3（左）	388	412	1807	文化 4
出水	上中・上屋田・堤	392	418	1808	文化 5
出水	江川野	495	523	1840	天保 11
出水	箱崎八幡神社境内隣	533	564	1851	嘉永 4
出水	下中 2	570	604	1863 推	文久 3
出水	八坊 3・大将軍神社前	581	615	1867	慶応 3
出水	横尾 2・中・堤 2	582	616	1867	慶応 3
高尾野	内木場 1	158	167	1751	寛延 4
高尾野	大久保 2・個人	281	299	1780 推	安永 9
高尾野	麓 2 紫尾神社裏道路	308	327	1785	天明 5
高尾野	松ヶ野 1	507	539	1846	弘化 3
高尾野	下山 2	555	588	1859	安政 6
高尾野	上水流	578	612	1866	慶応 2
高尾野	木串 1	583	617	1867	慶応 3
阿久根	山下・久保土橋	未記	341	1787	天明 7
阿久根	弓木野 1	459	488	1829	文政 12
阿久根	弓木野 2	460	489	1829	文政 12
阿久根	表川内	469	498	1832	天保 3
阿久根	橋之浦東	519	551	1848	嘉永 1
阿久根	永田 2	520	552	1848	弘化 5
阿久根	大下・多田大下	521	553	1848	弘化 5
阿久根	栫・鶴川内栫	548	580	1855	安政 2
長島	川内・長島	172	182	1754	宝暦 4
東郷	斧渕（石堂）	140	145	1744	延享 1
東郷	堀公民館 1・堀組	190	201	1759	宝暦 9
東郷	山田・玉田	222	236	1770	明和 7
鶴田	井手原（紫尾）	4	5	1705	宝永 2
鶴田	湯田	78	81	1733	享保 18
鶴田	大角	203	215	1765	明和 2
鶴田	小路下手・柏原	327	348	1790	寛政 2
鶴田	諏訪下	328	349	1790	寛政 2
鶴田	井上	351	372	1796	寛政 8
鶴田	浦川内	352	373	1796	寛政 8
宮之城	一ツ木（虎居）下	18	19	1719	享保 4
宮之城	日当瀬甫・個人	19	20	1719	享保 4
宮之城	城下	20	21	1719	享保 4
宮之城	市野（大）	57	60	1728	享保 13
宮之城	田原大下 1・個人	65	68	1731	享保 16
宮之城	浅井野下	96	99	1736	元文 1
宮之城	高峯	163	172	1752	宝暦 2
宮之城	時吉・新地	204	216	1765	明和 2
宮之城	宮田上 1	214	227	1768	明和 5
宮之城	一ツ木（虎居）上	224	239	1771	明和 8
宮之城	須杭	248	266	1776	安永 5
宮之城	山崎上	342	363	1793	寛政 5
宮之城	時吉町	359	380	1799	寛政 11
宮之城	大角（虎居）	383	406	1805	文化 2
宮之城	山崎草田	408	434	1812	文化 9
宮之城	内小川田	422	449	1816	文化 13
宮之城	時吉・馬場	468	497	1831	文政 14
宮之城	大下	571	605	1863	文久 3
薩摩	下中・上土橋（中福良）	146	154	1748	延享 5
薩摩	戸子田	185	196	1758	宝暦 8
薩摩	下手・羽有	249	267	1776	安永 5
薩摩	武	357	378	1798	寛政 10
薩摩	永野 1・個人	491	519	1839	天保 10
祁答院	黒木・矢立	66	69	1731	享保 16

地区名	新名前	前著No.	本著No.	建立年	年号
祁答院	轟・市之瀬	74	77	1732	享保17
祁答院	上手・滝聞平瀬	97	100	1736	元文1
祁答院	上手・滝聞井上	254	272	1777	安永6
祁答院	蘭牟田・大坪	293	311	1782	天明2
祁答院	蘭牟田・砂石下	305	323	1784	天明4
祁答院	大村・陣内	321	342	1788	天明8
祁答院	大村・松坂	329	350	1790	寛政2
祁答院	上手・秋上	333	354	1791	寛政3
祁答院	轟・蠢木	334	355	1791	寛政3
祁答院	上手・早馬	339	360	1792	寛政4
祁答院	蘭牟田・松之川内	389	413	1807	文化4
樋脇	本庵	11	12	1714	正徳4
樋脇	草木段	13	14	1716	享保1
樋脇	竹山	26	28	1722	享保7
樋脇	向湯	60	63	1730	享保15
樋脇	沢牟田	299	317	1783	天明3
樋脇	祢地山	330	351	1790	寛政2
樋脇	上段後	584	618	1867	慶応3
入来	副田・中組	8	9	1711	宝永8
入来	副田・元村下1	9	10	1711推	宝永8
入来	浦之名・松下田1	104	107	1737	元文2
入来	浦之名・竹原田・地頭	173	183	1754	宝暦4
入来	浦之名・長平	200	212	1763推	宝暦13
入来	浦之名・栗下	218	231	1769	明和6
入来	浦之名・鹿子田	225	240	1771	明和8
入来	浦之名・原	245	263	1775	安永4
入来	浦之名・平木場	346	367	1795	寛政7
入来	浦之名・小豆迫	354	375	1797	寛政9
入来	浦之名・天貴美	358	379	1798	寛政10
入来	浦之名・松下田2 日の出	528	416	1807	文化4
入来	浦之名・市野々1	393	419	1808	文化5
入来	浦之名・市野々3	394	420	1808	文化5
入来	副田・辻原	400	426	1810推	文化7
入来	浦之名・長野下	401	427	1810推	文化7
入来	浦之名・堂園	480	509	1836	天保7
入来	副田・元村下2	522	554	1848	嘉永1
入来	副田・山口	527	559	1850	嘉永3
入来	浦之名・清浦	529	560	1850	嘉永3
川内	妹尾橋(高来)	未記	117	1738	元文3
川内	湯原・双体	132	137	1743	寛保3
川内	今寺・行田3・小	178	189	1755	宝暦5
川内	坊ノ下・寺上1	202	214	1764	明和1
川内峰山	獅ノ子3(木屋園藤山橋近)	215	228	1768	明和5
川内	上ノ原2	300	318	1783	天明3
川内	高江・宝満神社横	319	339	1787	天明7
川内	今寺・行田2	355	376	1797	寛政9
川内	加治屋馬場公民館	378	401	1804	享和4
川内	中ノ原公民館	未記	410	1805	文化2
川内峰山	平佐・草原公民館	404	430	1811	文化8
川内	橋口・宮内橋近	426	453	1817	文化14
川内	矢立1(高来)	未記	469	1822	文政5
川内	坊ノ下・寺上	450	479	1826	文政9
川内	宮里町1(体育館付近)	463	492	1830	文政13
川内	天辰馬場	471	500	1833	天保4
川内	網津町井上2	未記	525	1840	天保11
川内陽成	牧迫・一条院	未記	528	1841	天保12
川内陽成	中麦・妙徳寺	未記	529	1841	天保12
川内陽成	宮子平・宮田橋	未記	530	1841	天保12
川内	滄浪・諏訪神社1	508	540	1846	弘化3
川内	向田・日暮	536	567	1852	嘉永5
川内陽成	本川・柿田2	未記	572	1852	嘉永5
川内	楠元下1・公民館近	560	593	1860	萬延1
川内隈之城	高貴公民館	67	70	1731	享保16
川内隈之城	尾白江中央・個人	153	162	1750	寛延3
川内隈之城	川永野	未記	234	1769	明和6
川内隈之城	隈之城	432	460	1819	文政2
川内隈之城	二福城跡2	436	464	1821	文政4
川内隈之城	宮崎・下麦交差点外	470	499	1832	天保3
川内隈之城	隈之城公民館庭	485	514	1837	天保8
川内隈之城	麥・個人	505	537	1844	天保15
川内隈之城	溝端・個人	524	556	1849	嘉永2
加世田	干河上	86	89	1735推	享保20
加世田	内山田下	未記	129	1740推	元文5
加世田	万世慰霊塔1	270	288	1778	安永7
加世田	内布1	278	296	1779	安永8
加世田	武田上	309	328	1785	天明5
加世田	上津貫	417	444	1815	文化12
加世田	地頭所	428	456	1818推	文化15
加世田	小湊大木場尻1	433	461	1819	文政2
加世田	内田佐方	442	471	1823	文政6
加世田	唐仁原	451	480	1826	文政9
加世田	益山中小路1	525	557	1849	嘉永2

地区名	新名前	前著No.	本著No.	建立年	年号
金峰	下馬場	12	13	1715	正徳5
金峰	高橋	14	15	1716	享保1
金峰	白川東	21	22	1720	享保5
金峰	京田1	68	71	1731	享保16
金峰	宮崎	75	78	1732	享保17
金峰	新山	105	108	1736	元文1
金峰	中津野	255	273	1777	安永6
金峰	浦之名	366	387	1800	寛政12
金峰	池辺中	384	407	1805	文化2
金峰	扇山	402	428	1810	文化7
金峰	白川中	410	436	1813	文化10
金峰	尾下	412	438	1814	文化11
金峰	塩屋堀	534	565	1851	嘉永4
金峰	池辺稲葉	549	581	1855	安政2
吹上	中田尻	15	16	1717	享保2
吹上	下与倉1	17	18	1718	享保3
吹上	花熟里	33	35	1723	享保8
吹上	天昌寺	110	113	1738	元文3
吹上	小野1	154	163	1750	寛延3
吹上	上田尻	未記	417	1807	文化4
松元	入佐巣山谷	53	56	1727	享保12
松元	内田中善福	111	114	1738	元文3
松元	春山・森園	133	138	1743	寛保3
松元	直木牟田	167	176	1753	宝暦3
松元	松元下	226	241	1771	明和8
松元	直木山方	340	361	1792	寛政4
松元	内田下	476	505	1834	天保5
日吉	山田	6	7	1710 推	宝永7
日吉	笠ヶ原西	184	195	1757	宝暦7
伊集院	本平	106	109	1737	元文2
伊集院	古城	238	254	1773	安永2
伊集院	飯牟礼下	未記	258	1773	安永2
伊集院	郡	294	312	1782	天明2
東市来	竪山	81	84	1734	享保19
東市来	荻	117	121	1739	元文4
東市来	湯田中央	118	122	1739	元文4
東市来	宮田	121	125	1740	元文5
東市来	下養母	147	155	1748	寛延1
東市来	鉾之原	150	158	1749	寛延2
東市来	神之川	159	168	1751	寛延4
東市来	元養母1	219	232	1769	明和6
東市来	田の湯山王	256	274	1777	安永6
東市来	上伊作田・野元	360	381	1799	寛政11
東市来	湯田堀内	523	555	1848	弘化5
東市来	野下	551	583	1856	安政3

市来	内門	481	510	1836	天保7
市来	寺迫	512	544	1847	弘化4
市来	池の原・梯木ヶ迫	513	545	1847	弘化4
串木野	上名1・個人	48	51	1726	享保11
串木野	下石野2	112	115	1738	元文3
串木野	坂下	145	152	1747	延享4
串木野	大六野1・2体並立	310	329	1785	天明5
串木野	麓・南方神社北	403	429	1810	文化7
串木野	下石野3・個人	499	531	1842	天保13
串木野	鏑流馬原1・双体	500	532	1842	天保13
串木野	野元	506	538	1844	天保15
串木野	河内・双体	561	594	1860	萬延1
串木野	下石野1・双体	563	596	1862	文久2
串木野	福薗・双体	564	597	1862	文久2
串木野	袴田1・2体並立	565	598	1862	文久2
串木野	麓・双体	566	599	1862	文久2
串木野	別府下	567	600	1862	文久2
串木野	酔之尾	572	606	1863	文久3
喜入	旧麓	98	101	1736	元文1
喜入	鈴	186	197	1758	宝暦8
指宿	十町二月田	122	126	1740	元文5
指宿	十町南迫田	151	159	1749	寛延2
指宿	西方中川公民館	179	190	1755	宝暦5
指宿	池田・新永吉2	201	213	1763 推	宝暦13
指宿	池田・新永吉1	545	577	1854	嘉永7
指宿	東方二月田1	556	589	1859 推	安政6
山川	成川下原2	227	242	1771	明和8
頴娃	牧渕別府	423	450	1816	文化13
頴娃	佃	424	451	1816	文化13
頴娃	南春向	467	496	1830 推	文政13
頴娃	御領	514	546	1847	弘化4
知覧	樋与上トヨカン	未記	4	1700 頃仮推	元禄13
知覧	加治佐上	136	141	1743 推	寛保3
知覧	塗木	149	157	1748	延享5
知覧	浮辺	336	357	1791	寛政3
川辺	上山田有村	2	2	1691	元禄4
川辺	永田	35	37	1724	享保9
川辺	下山田日吉	87	90	1735	享保20
川辺	中山田下之口	88	91	1735 推	享保20
川辺	神殿下里（庚申塔）	347	368	1795	寛政7
川辺	神殿上里	373	394	1802	享保2
川辺	清水水元神社	537	568	1852	嘉永5
枕崎	小園	7	8	1710 推	宝永7
枕崎	茅野	239	255	1773 推	明和10
笠沙	清水	未記	24	1720 頃仮推	享保5
財部	上村（南地区）	3	3	1696	元禄9
財部	財部城山1・個人	228	243	1771	明和8

地区名	新名前	前著No.	本著No.	建立年	年号
財部	荒川内	257	275	1777	安永6
財部	閉山田1	279	297	1779	安永8
財部	大川原	282	300	1780	安永9
財部	谷川内→西村（歴史館内）	331	352	1790	寛政2
財部	刈原田1	405	431	1811	文化8
財部	吉ヶ谷（馬頭観音）	550	582	1855	安政2
末吉	後迫2・個人	174	184	1754	宝暦4
末吉	深川南・個人	220	233	1769	明和6
末吉	中原	229	244	1771	明和8
末吉	内堀	230	245	1771	明和8
末吉	田村1	243	260	1774	安永3
末吉	堂園	258	276	1777	安永6
末吉	法楽寺	259	277	1777	安永6
末吉	白毛	295	313	1782	天明2
末吉	寺田	301	319	1783	天明3
末吉	池山上	306	324	1784	天明4
末吉	末吉新武田	538	569	1852	嘉永5
末吉	木場ヶ迫・坂元	553	585	1857	安政4
大隅	下須田木2	175	185	1754	宝暦4
大隅	入角	205	217	1765	明和2
大隅	広津田	515	547	1847	弘化4
大隅	中大谷	575	609	1865	元治2
松山	松山・豊留・個人	260	278	1777	安永6
松山	松山・川路・個人	261	279	1777	安永6
松山	松山・桃木・個人	482	511	1836	天保7
輝北	大谷	187	198	1758推	宝暦8
輝北	二瀬元	192	203	1760	宝暦10
輝北	歌丸	385	408	1805	文化2
有明	坪山	42	45	1725	享保10
有明	豊原（吉村）	134	139	1743	寛保3
有明	中野・上野宅裏山	168	177	1753	宝暦3
有明	中野・開田記念碑前	250	268	1776	安永5
有明	伊崎田・中野・個人	未記	326	1784	天明4
有明	鍋	406	432	1811	文化8
有明	上野井倉・個人	576	610	1865	慶応1
志布志	中宮・個人	141	146	1744	延享1
志布志	山久保（井久保）	169	178	1753	宝暦3
志布志	中島1	251	269	1776推	安永5
志布志	大久保	396	422	1809	文化6
志布志	平床1・個人	437	465	1821	文政4
志布志	中島2	453	482	1827	文政10
志布志	中宮2	483	512	1836	天保7
志布志	上門東	488	517	1838	天保9
志布志	宮脇1（水路上）	492	520	1839	天保10
志布志	森山・田中神社前	516	548	1847	弘化4
志布志	福島渡	539	570	1852	嘉永5
志布志	田床	568	601	1862	文久2
志布志	夏井	569	602	1862	文久2
志布志	柳井谷	573	607	1863	文久3
志布志	平城	577	611	1865	元治2
大崎	田中1	413	439	1814	文化11
大崎	大崎新地・個人	429	457	1818	文政1
大崎	立小野1	439	467	1822	文政5
大崎	高井田・回り	443	472	1823	文政6
鹿屋	野里町山下	160	169	1751	寛延4
鹿屋	上別府	206	218	1765	明和2
鹿屋	祓川川東	283	301	1780	安永9
鹿屋	野里町岡泉	377	398	1803	享和3
鹿屋	上野町寺田・芝原2	379	402	1804	享和4
鹿屋	田崎町	407	433	1811	文化8
鹿屋	山下・南町	未記	442	1814	文化11
鹿屋	上野町寺田・芝原1	461	490	1829	文政12
鹿屋	牟田畑	526	558	1849	嘉永2
垂水	新城1	82	85	1734	享保19
垂水	新城2	83	86	1734	享保19
垂水	田神・原田2	252	270	1776	安永5
垂水	田神・原田1	296	314	1782	天明2
串良	岡崎東	371	392	1801	享和1
串良	岡崎上公民館前	386	409	1805	文化2
串良	中郷公民館庭	473	502	1834	天保5
東串良	安留	未記	250	1771推	明和8
東串良	下伊倉	390	414	1807	文化4
高山	検見崎	76	79	1732	享保17
高山	大薗2・野崎	135	140	1743	寛保3
高山	塚崎	143	150	1746	延享3
高山	平後園	223	237	1770	明和7
高山	宮下北	231	246	1771	明和8
高山	大薗1・野崎	232	247	1771	明和8
高山	本城下	262	280	1777	安永6
高山	中村	302	320	1783	天明3
高山	中原	315	335	1786	天明6
高山	山下・後田	374	395	1802	享和2
高山	大脇	375	396	1803	享和3
高山	富山南	409	435	1812	文化9
高山	西横間2	484	513	1836	天保7
高山	波見下	497	526	1841	天保12
高山	菅原1	579	613	1866	慶応2
高山	宮下南1	未記	620	1868	慶応4
吾平	中福良（八幡神社）	233	248	1771	明和8
吾平	真角・下名	246	264	1775	安永4
吾平	茶円	332	353	1790	寛政2

地区名	新名前	前著No.	本著No.	建立年	年号
吾平	鏡原	376	397	1803	享和3
吾平	下村・筒ヶ迫	387	411	1806	文化3
吾平	西迫	498	527	1841	天保12
大根占	馬場	89	92	1735 推	享保20
大根占	神川	263	281	1777	安永6
根占	久保（川北）	69	72	1731	享保16
内之浦	乙田	129	134	1742	寛保2
内之浦	大平見	未記	188	1754	宝暦4
田代	田代	70	73	1731	享保16
鹿児島	中組（皆房）	79	82	1733	享保18
鹿児島	川上	127	132	1741	寛保1
鹿児島	下花棚	211	224	1767	明和4
鹿児島	西田	240	256	1773	安永2
鹿児島	新村・梅ヶ渕橋横	271	289	1778	安永7
鹿児島	武1丁目	272	290	1778	安永7
鹿児島	肥田	367	388	1800	寛政12
鹿児島	下田・川添	425	452	1816	文化13
鹿児島	七窪（下田）・個人	557	590	1859	安政6
鹿児島	鴨池新町・個人	未記	603	1862	文久2
谷山	山田	34	36	1723	享保8
谷山	斉之平	43	46	1725	享保10
谷山	札下	54	57	1727	享保12
谷山	滝ノ下	90	93	1735 推	享保20
谷山	入来	99	102	1736	享保21
谷山	新成・堂園	161	170	1751	寛延4
谷山	すすめ塚	164	173	1752	宝暦2
谷山	木ノ下	182	193	1756	宝暦6
谷山	蕨野・星ヶ峯公園	197	209	1762	宝暦12
谷山	川口	291	309	1781	安永10
谷山	梶原迫	368	389	1800	寛政12
谷山	谷山長太郎窯2	585	619	1867	慶応3
吉田	西佐多浦・鵜木	100	103	1736	享保21
吉田	東佐多浦・東下	107	110	1737	元文2
吉田	本城・荒毛	142	147	1745	延享2
吉田	西佐多浦西中1・回り	343	364	1793	寛政5
吉田	本名・石下谷	361	382	1799	寛政11
郡山	上薗	101	104	1736	元文1
郡山	茄子田	170	179	1753	宝暦3
郡山	大平1	273	291	1778	安永7
郡山	寺下	335	356	1791	寛政3
えびのM	八日町・中島	36	38	1724	享保9
えびのM	中内竪	44	47	1725	享保10
えびのM	町	45	48	1725	享保10
えびのM	中原田・上園墓地	91	94	1735 推	享保20
えびのM	前田・二日市	264	282	1777	安永6

地区名	新名前	前著No.	本著No.	建立年	年号
えびのM	水流・菅原神社	316	336	1786	天明6
えびのM	上浦・岡元小東	434	462	1819	文政2
えびのM	中原田2・個人	464	493	1830	文政13
えびのM	堀浦	493	521	1839	天保10
えびのM	杉水流・佐山	496	524	1840	天保11
えびのM	東原田・八幡墓地	517	549	1847	弘化4
小林M	新田場	22	23	1720	享保5
小林M	仲間	27	29	1722	享保7
小林M	中孝の子	28	30	1722	享保7
小林M	南島田	29	31	1722	享保7
小林M	楠牟礼・下堤	37	39	1724	享保9
小林M	細野水落	46	49	1725	享保10
小林M	東大出水	47	50	1725	享保10
小林M	今別府・南西方	71	74	1731	享保16
小林M	須木・永田	124	128	1740	元文5
小林M	立野2	未記	149	1745 推	延享2
小林M	真方字市谷	241	257	1773	安永2
小林M	熊ノ迫	未記	261	1774	安永3
小林M	松元上・三松川無	509	541	1846	弘化3
小林須木M	下田1・川添	未記	587	1858	安政5
小林野尻M	大王・大王神社	80	83	1733	享保18
小林野尻M	上ノ原	487	516	1837	天保8
小林野尻M	吉村	501	533	1842	天保13
高原M	王子神社	38	43	1724	享保9
高原M	八久保	489	40	1724	享保9
高原M	蒲牟田	155	164	1750	寛延3
高原M	並木	530	561	1850 推	嘉永3
高原M	出口	531	562	1850 推	嘉永3
高崎M	谷川	39	41	1724	享保9
高崎M	前田・栗須	40	42	1724	享保9
高崎M	大牟田・荒場	49	52	1726	享保11
高崎M	縄瀬・菅原神社前	50	53	1726	享保11
高崎M	江平・炭床諏訪神社	51	54	1726	享保11
高崎M	大牟田・上勢西・個人	61	64	1730	享保15
高崎M	江平・吉村	92	95	1735 推	享保20
高崎M	大牟田・高坂	180	191	1755	宝暦5
高崎M	大牟田・牟礼水流	188	199	1758	宝暦8
高崎M	縄瀬・大久保馬場	307	325	1784	天明4
高崎M	共和（縄瀬保育園南上）	311	330	1785	天明5
高崎M	町倉	317	337	1786	天明6
高崎M	縄瀬・横谷共同墓地	397	423	1809	文化6

地区名	新名前	前著No.	本著No.	建立年	年号
高崎M	前田割付・個人	477	506	1835	天保6
山田M	山田町竹脇	58	61	1728	享保13
山田M	山田向江・田中	59	62	1729	享保14
山田M	山田倉平	209	222	1766	明和3
山田M	山田石風呂・個人	274	292	1778	安永7
山田M	中霧島池之原	546	578	1854	嘉永7
山田M	中霧島古江薩摩迫	547	579	1854	嘉永7
高城M	穂満坊	93	96	1735推	享保20
高城M	石山・新地	162	171	1751	宝暦1
高城M	石山迫	未記	333	1785	天明5
高城M	有水・岩屋ヶ野	320	340	1787	天明7
高城M	有水七瀬谷	348	369	1795	寛政7
高城M	高城町桜木	462	491	1829	文政12
高城M	石山萩原	518	550	1847	弘化4
山之口M	田原	207	219	1765	明和2
山之口M	青井岳飛松	472	501	1833	天保4
山之口M	青井岳天神ダム	540	571	1852	嘉永5
都城M	上水流町麓2	165	174	1752	宝暦2
都城M	丸谷町吉行・個人	234	249	1771	明和8
都城M	岩満	253	271	1776	安永5
都城M	南横市町加治屋	284	302	1780推	安永9
都城M	中金田	292	310	1781	安永10
都城M	下川東4丁目・墓地内	297	315	1782	天明2
都城M	横市町母智丘	298	316	1782	天明2
都城M	吉之元町折田代	312	331	1785	天明5
都城M	丸谷町吉行2・個人	318	338	1786	天明6
都城M	太郎坊町太郎坊2	349	370	1795	寛政7
都城M	丸谷町中大五郎2	356	377	1797	寛政9
都城M	下水流町・水流神社内	362	383	1799	寛政11
都城M	太郎坊町太郎坊3	395	421	1808	文化5
都城M	丸谷町薄谷・個人	418	445	1815	文化12
都城M	丸谷町中大五郎1	430	458	1818	文政1
都城M	乙房町馬場・乙房神社	452	481	1826	文政9
都城M	太郎坊町太郎坊1	474	503	1834	天保5
都城M	下水流町平原	486	515	1837	天保8
都城M	高木町高木	535	566	1851	嘉永4
都城M	上水流町麓1	542	574	1853	嘉永6
都城M	夏尾町東牛之脛	543	575	1853	嘉永6
三股M	徳枡	562	595	1861	文久1
高岡M	下新田	55	58	1727	享保12
高岡M	去川	102	105	1736	元文1
高岡M	唐崎	108	111	1737	元文2
高岡M	柚木崎	109	112	1737	元文2
高岡M	井上→丸山（丸山団地公園）	113	116	1738	元文3
高岡M	粟野	119	123	1739	元文4
高岡M	的野	125	130	1741	元文6
高岡M	上倉3	130	135	1742	寛保2
高岡M	深水	176	186	1754	宝暦4
高岡M	川口	181	192	1755	宝暦5
高岡M	小山田	191	202	1759	宝暦9
高岡M	上倉	266	284	1777	安永6
高岡M	高野西	285	303	1780	安永9
高岡M	田中・五町	369	390	1800	寛政12
高岡M	片前・面早流	391	415	1807	文化4
高岡M	山口	414	440	1814	文化11
高岡M	田の平2	431	459	1818	文化15
高岡M	芝手1	440	468	1822	文政5
高岡M	味噌桶	502	534	1842	天保13
高岡M	田の平	544	576	1853	嘉永6
高岡M	尾谷	554	586	1857	安政4
国富M	八代南俣籾木橋	123	127	1740	元文5
国富M	薬師堂前	144	151	1746	延享3
国富M	深年・永田霊園	148	156	1748	延享5
国富M	八代南俣・門前橋	171	180	1753	宝暦3
国富M	八代南俣・中別府	177	187	1754	宝暦4
国富M	深年・馬渡	275	293	1778	安永7
国富M	須志田飯盛	313	332	1785	天明5
国富M	八代北俣今平1	353	374	1796	寛政8
国富M	八代南俣松ヶ迫墓地	398	424	1809	文化6
国富M	八代北俣尾園1	444	473	1823	文政6
国富M	森永・浦の田	454	483	1827	文政10
国富M	森永	455	484	1827	文政10
国富M	八代北俣尾園2	457	486	1828	文政11
国富M	本庄一丁田	465	494	1830	文政13
国富M	八代南俣大坪橋	466	495	1830	文政13
国富M	八代北俣今平2	475	504	1834	天保5
綾M	入野	156	165	1750	寛延3
綾M	古屋・入野神社	510	542	1846	弘化3
宮崎M	金崎太良迫	未記	160	1749	寛延2
宮崎M	浮田城の下橋近	未記	181	1753	宝暦3
宮崎M	富吉	未記	204	1760	宝暦10
宮崎M	栗下2	未記	238	1770	明和7
宮崎M	長嶺2	363	384	1799	寛政11
宮崎M	生目・柏原	370	391	1800	寛政12
宮崎M	生目・伊勢丸	未記	400	1803	享和3
宮崎M	大塚町八所	未記	454	1817推	文化14
宮崎M	生目・上小村	未記	621	1868推	慶応4
宮崎M	長嶺1	580	614	1866	慶応2

IV　江戸時代の室内型田の神像 44 体の測定値

No.	前著No.	本著No.	新名前	地区名	建立年	年号	彫りの形	総高	巾	奥	姿勢	像の種類
S1	19	20	日当瀬甫・個人	宮之城	1719	享保 4	丸彫り	52	34	23	座位	僧型
S2	25	27	下原田・回り	大口	1721	享保 6	丸彫り	38.5	23	14	座位	神職型
S3	31	33	高牧（久末）	蒲生	1723 推	享保 8	丸彫り	54	24	22	腰掛	農民型
S4	85	88	蒲生町北・個人	蒲生	1735	享保 20	丸彫り	80	30	25	立位	旅僧型
S5	100	103	西佐多浦・鵜木	吉田	1736	享保 21	丸彫り	87	44	43	立位	田の神舞神職型
S6	138	143	木場松尾（黎明館）	栗野	1744	寛保 4	丸彫り	47	21	18	中腰	農民型
S7	157	166	大山東中郷	姶良	1751	寛延 4	浮き彫り	73	48	28	立位	農民型
S8	166	175	岩戸（白男）・個人	蒲生	1753	宝暦 3	丸彫り	86	40	35	立位	旅僧型
S9	190	201	堀公民館 1 堀組	東郷	1759	宝暦 9	丸彫り	42	29	12	立位	農民型
S10	未記	220	上名・内山田 1	姶良	1765 推	明和 2	丸彫り	48	47	47	胡座	神像型
S11	未記	234	川永野	川内隈之城	1769	明和 6	丸彫り	56	44	26	中腰	田の神舞神職型
S12	237	253	米丸 1・個人	蒲生	1772	明和 9	丸彫り	65	34	28	立位	旅僧型
S13	247	265	針持高野 2	大口	1776	安永 5	丸彫り	53	29	30	腰掛	農民型
S14	304	322	平岩避難所	出水	1784	天明 4	丸彫り	66	29	28	座位	女子型
S15	306	324	池山上（歴史資料館 2）	末吉	1784	天明 4	丸彫り	64	38	24	中腰	田の神舞神職型
S16	314	334	米丸 2・個人 B	蒲生	1786	天明 6	丸彫り	65	33	26	腰掛	旅僧型
S17	337	358	馬渡深川・公民館	横川	1792	寛政 4	丸彫り	63	37	28	中腰	田の神舞神職型
S18	338	359	北山・中甑・個人	姶良	1792	寛政 4	丸彫り	28	19	10	立位	農民型
S19	341	362	城下北・黎明館	蒲生	1793	寛政 5	丸彫り	48	32	25	中腰	農民型
S20	343	364	西佐多浦西中 1・回り	吉田	1793	寛政 5	丸彫り	92	47	36	腰掛	農民型
S21	344	365	久末中・回り 2	蒲生	1794	寛政 6	丸彫り	25	20	13	立位	農民型
S22	378	401	加治屋馬場公民館（峰山）	川内	1804	享和 4	丸彫り	32	16	13	立位	農民型
S23	380	403	中福良後公民館	加治木	1805	文化 2	丸彫り	46	22	24	中腰	田の神舞神職型
S24	420	447	里・元町実業・回り	大口	1816	文化 13	丸彫り	17	12	9	座位	神職型
S25	429	457	大崎新地・個人	大崎	1818	文政 1	丸彫り	41	19	20	膝折立位	旅僧型
S26	443	472	高井田・回り	大崎	1823	文政 6	丸彫り	53	45	22	胡座	神職型
S27	446	475	十日町	姶良	1824 推	文政 7	半丸彫り	26	14	16	腰掛	農民型
S28	449	478	北山・山花公民館	姶良	1826	文政 9	丸彫り	30	18	13	中腰	農民型
S29	456	485	針持堂山	大口	1828	文政 11	丸彫り	34	20	12	腰掛	農民型
S30	458	487	針持土瀬戸（甲）	大口	1829 推	文政 12	丸彫り	45	24	19	腰掛	農民型
S31	464	493	中原田 2・個人	えびの M	1830	文政 13	丸彫り	37	40	26	中腰	田の神舞神職型
S32	479	508	下万膳	牧園	1836	天保 7	丸彫り	38	22	27	中腰	農民型
S33	488	517	上門東	志布志	1838	天保 9	丸彫り	52	27	23	胡座	農民型
S34	491	519	永野 1・個人	薩摩	1839	天保 10	半丸彫り	39	19	17	腰掛	田の神舞神職型

S35	494	522	新開・中郷公民館 1	加治木	1840	天保 11	丸彫り	31	23	20	立位	田の神舞神職型
S36	496	524	杉水流・佐山	えびの M	1840	天保 11	半丸彫り	43	25	23	立位	農民型
S37	524	556	溝端・個人	川内 隈之城	1849	嘉永 2	浮き彫り	29	30	27	座位	農民型
S38	538	569	末吉新武田 （歴史資料館 1）	末吉	1852	嘉永 5	丸彫り	40	28	28	中腰	田の神舞神職型
S39	541	573	木場	溝辺	1853	嘉永 6	丸彫り	46.5	32	24	中腰	田の神舞神職型
S40	550	582	吉ヶ谷（馬頭観音）	財部	1855	安政 2	丸彫り	57	45	24	座位	仏像型
S41	559	592	伊部野 3 公民館	加治木	1860	萬延 1	丸彫り	28.5	17	16	腰掛	農民型
S42	574	608	竹田・回り	吉松	1865	慶応 1	丸彫り	27	24	18	座位	田の神舞神職型
S43	576	610	上野井倉・個人	有明	1865	慶応 1	丸彫り	50	38	34	腰掛	僧型
S44	577	611	平城	志布志	1865	元治 2	丸彫り	43	35	26	胡座	僧型

V　製作時期不明の室内型田の神像 68 体の測定値　＊製作時期は問わず。

No.	新名前	地区名	総高	巾	奥
S45	個人 I	吉松	24	23	14
S46	堀之内・回り	吉松	39	26	23
S47	中郡前・元回り	栗野	29	15	13
S48	持松甲辺・個人	牧園	41	20	19
S49	檍	牧園	34	29	22
S50	小田・金床郷中 1	隼人	31	21	21
S51	小田中央 2 上班郷中・元回り	隼人	39	22	14
S52	市野々	加治木	44	47	30
S53	川原・個人 S	加治木	22	22	12
S54	日木山里・個人	加治木	37	22	24
S55	辺川中	加治木	59	40	24
S56	三池原上	蒲生	65	35	29
S57	漆・大原郷中・回り	蒲生	35	16	15
S58	真黒 2 大山・個人 Y・元回り	蒲生	24.5	12.5	11
S59	川東下（上久徳）	蒲生	31	21	20
S60	大原	蒲生	40	25	21
S61	楠田北 1・個人 T	蒲生	80	51	45
S62	米丸・個人 A	蒲生	72	43	30
S63	北山・中甑・個人 C	姶良	28.5	18	12
S64	大山西・公民館内	姶良	58	37	31
S65	小鷹公民館 2・庵袋組アフクロ	東郷	36	15	11
S66	津田公民館・津田組	東郷	73	50	30
S67	斧渕・五社上公民館 2	東郷	51	28	17
S68	本俣 2・中組	東郷	32.5	21	15.5
S69	宍野下 3・個人 K	東郷	51	30	25
S70	山田下平木家・中央公民館へ	東郷	52	21	19
S71	新田	鶴田	53	31	25
S72	栗野	鶴田	58	34	22
S73	久木野上	宮之城	28	15	7
S74	宍川公民館中・回り	宮之城	47	29	20
S75	登尾・回り	宮之城	55	26	16
S76	一ツ木（虎居）・回り	宮之城	63	23	19
S77	大村・豆ヶ野・回り	祁答院	39	25	26
S78	藺牟田・新屋敷・回り	祁答院	44	23	14
S79	藺牟田・麓・回り	祁答院	59	38	28
S80	上狩宿・回り	薩摩	56	33	18
S81	本庵・個人	樋脇	32	19	21
S82	個人 K	川内亀山	65	32	14
S83	長野 2・小・男	川内吉川城上	42	23	20
S84	湯田・峠路上・回り	川内西方	55	33	20
S85	宮崎原中園 4 班・回り	川内隈之城	26	13	9
S86	木場谷上・回り	川内隈之城	23	26	9
S87	中福良 3・4 班	川内隈之城	33	22	18
S88	西川内 2・回り	川内八幡	36	17	8
S89	田崎・個人 H	川内平佐	28	23	19
S90	元・下大迫公民会 1 歴史資料	川内陽成	62	32	32
S91	馬場自治公民館	川内永利	27	19	7
S92	中の里・個人 H	吹上	36	22	11
S93	上野西・個人 S	東市来	46	25	21
S94	草良・回り	串木野	36	19	17
S95	個人 J2	串木野	33	21	12
S96	山之口・藤井家 1・郷土館	入来	33	19	15
S97	曾木門前・回り	大口	47	28	17
S98	重留南・菅原神社	菱刈	29	22.5	21.5
S99	荒田上・回り	菱刈	42	30	23
S100	本城町	菱刈	46	44	36
S101	向江谷	鹿児島郡山	28	22	7
S102	西佐多浦表郷	鹿児島吉田	24	13	13
S103	T 家 7・個人	鹿児島	40	20	14
S104	本町・個人	財部	70	30	16
S105	田中・個人 S	大崎	61	38	21
S106	下持留・個人 1	大崎	35	22	15
S107	上益丸・迫郷集会所	大崎	48	23	21
S108	西井俣 3 班	大崎	60	42	39
S109	栫谷	大崎	63	45	46
S110	高吉・回り	有明	74	35	22
S111	東原西・個人	有明	44	24	14
S112	乙田・回り 2	内之浦	30	27	14

参考文献

No.	著者	タイトル	出版社	発行年
1	原口　泉、永山修一、日隈正守、松尾千歳、皆村武一	鹿児島県の歴史	山川出版社	1999
2	原口虎雄	鹿児島県の歴史	山川出版社	1976
3	小野重朗	田の神サア百体	西日本新聞社	1979
4	寺師三千夫	薩摩のタノカンサア	鹿児島放送文化研究会	1967
5	野田千尋	田ノ神像 100 選（南九州・大隅半島）	刀水書房	1983
6	野田千尋	田の神像（南九州大隅地方）	木耳社	1971
7	野田千尋	大隅路の田ノ神像	木耳社	1979
8	三宅忠一	石の芸術　田の神	東京ろんち社	1969
9	下野敏見	田の神と森山の神	岩田書院	2004
10	森田　悌、金田久璋	田の神まつりの歴史と民俗	吉川弘文館	1996
11	青山幹雄	宮崎の田の神像	鉱脈社	1997
12	日本美術工芸	日本美術工芸第 321 号　6 月号	日本美術工芸	1965
13	民芸手帳	民芸手帳　昭和 48 年 4 月号	民芸手帖	1973
14	民芸手帳	民芸手帳　昭和 52 年 6 月号	民芸手帖	1977
15	野田千尋	田の神さァ	南海陶苑	1975
16	樋渡直竹	春夏秋冬　田ノ神の里	南方新社	2001
17	榊　晃弘	薩摩の田の神さあ	東方出版	2003
18	島津久敬	石のさつま	南日本出版文化協会	1966
19	桃園恵真	かくれ念仏遺跡と史跡	南国交通観光株式会社	1985
20	隈元　剛	田之神さあ探訪	南日本新聞開発センター	2000
21	鹿児島市教育委員会	鹿児島市内の史跡めぐり　その 3・谷山地区	鹿児島市教育委員会	1979
22	野田千尋	田の神どん	京都新聞社	1972
23	霧島市教育委員会	霧島市文化財ガイドブック歴史散歩	霧島市教育委員会	2007
24	霧島市教育委員会	霧島市の田のかんさあ	霧島市教育委員会	2010
25	霧島市教育委員会	霧島市の石仏	霧島市教育委員会	2012
26	かくれ念仏研究会編	薩摩のかくれ念仏　その光と影	法蔵館	2001
27	前田博仁	近世日向の修験道	鉱脈社	2016
28	赤尾　譲	石像さつまの田の神	三一書房	1973
29	鶴添泰蔵	民俗写真集　フォークロアの眼　田の神まつり	国書刊行会	1977
30	芳賀日出男	田の神　日本の稲作儀礼	平凡社	1959
31	五来　重	石の宗教	講談社学術文庫	2007
32	小坂泰子、宮嶋洋一	信濃路　道祖神百選	あさを社	1985
33	隈元　剛	いろんな作神さぁ	南日本新聞開発センター	2014
34	隼人文化研究会	隼人文化　創刊号	隼人文化研究会	1995
35	事務局えびの市秘書企画課編	田の神さあガイドブック　五穀豊穣	えびの市新ひむかづくり運動市民会議	1995
36	加治木町教育委員会	かじきの田の神さあ	加治木町	1993
37	鹿児島民俗学会	鹿児島民俗　77 号	鹿児島民俗学会	1983
38	鹿児島県教育委員会	鹿児島県文化財調査報告書　第 15 集	鹿児島県教育委員会	1968
39	鹿児島民具学会	鹿児島民具　第 19 号	鹿児島民具学会	2007

No.	著者	タイトル	出版社	発行年
40	鹿児島県歴史資料センター黎明館	黎明館企画特別展　田の神	鹿児島県歴史資料センター黎明館	1987
41	大口市郷土誌編さん委員会	資料第9集　田の神さあ	大口市教育委員会	2005
42	伊佐市郷土誌編さん委員会	資料第2集　伊佐の田の神さあ	伊佐市教育委員会	2013
43	中村明蔵	薩摩民衆支配の構造	南方新社	2000
44	松下志朗	鹿児島藩の民衆と生活	南方新社	2006
45	小野重朗	南日本の民俗文化9　農耕儀礼の研究	第一書房	1996
46	末木文美士	中世の神と仏	山川出版社	2003
47	千々和　到	板碑と石塔の祈り	山川出版社	2007
48	勝浦令子	古代・中世の女性と仏教	山川出版社	2003
49	高見乾司	米良山系の神楽	鉱脈社	2010
50	森田清美	神々のやどる霧島山	鉱脈社	2017
51	森田清美	さつま山伏	春苑堂出版	1996
52	藤原　修	田の神・稲の神・年神	岩田書院	1996
53	池上廣正	宗教民俗学の研究	名著出版	1991
54	義江彰夫	神仏習合	岩波新書	1996
55	新谷尚紀	神社に秘められた日本史の謎	洋泉社	2015
56	海音寺潮五郎	おどんな日本一	新潮文庫	1978
57	中野幡能	英彦山と九州修験道	名著出版	1977
58	串良町教育委員会	串良町文化財要覧	串良町教育委員会	2004
59	志布志教育委員会	志布志の文化財概要	志布志教育委員会	2006
60	松山町教育委員会	松山町文化財のしおり	松山町教育委員会	2006
61	有明町教育委員会	有明町文化財のしおり	有明町教育委員会	2006
62	鹿屋市教育委員会文化財センター	鹿屋市輝北町の田の神マップ		2011
63	鹿屋市教育委員会文化財センター	鹿屋市鹿屋地区の田の神マップ		2011
64	鹿屋市教育委員会文化財センター	鹿屋市吾平町の田の神マップ		2011
65	東串良教育委員会	串良町の文化財要覧		2003
66	高野町教育委員会	わが町の歴史と文化財		2002
67	松田　誠	福山町石塔ノート	福山町教育委員会	2004
68	財部町教育委員会	財部町の文化財		2003
69	田代町教育委員会	田代町の文化財		1998
70	大根占町教育委員会	大根占町の文化財		2003
71	佐多町教育委員会	佐多町の文化財		1983
72	根占町教育委員会	根占町の文化財		2003
73	吾平町教育委員会	吾平町の文化財		1989
74	大崎町教育委員会	大崎町文化財要覧		1984
75	大崎教育委員会	大崎の田の神と六地蔵		1985
76	末吉町教育委員会	末吉町の田の神サア		1994
77	大隅町教育委員会	大隅町の田の神パンフ		2003
78	輝北町教育委員会	輝北町の田の神パンフ		2004
79	有明町教育委員会	有明町の文化財		1988

80	鹿屋市教育委員会	鹿屋市の文化財		2004
81	垂水市教育委員会	垂水市の文化財		1984
82	山田慶晴	一石双体　田の神石像		1984
83	山田慶晴	川内市の田の神石像		1984
84	神園清秀	みやんじょの田の神さあ	宮之城町教育委員会	1992
85	出水市教育委員会	出水の石碑・石造物		2001
86	高尾野町教育委員会	高尾野町の文化財		1999
87	阿久根市教育委員会	阿久根の文化財		2004
88	東町教育委員会	東町の田の神パンフ		2004
89	長島町教育委員会	長島町の田の神パンフ		2004
90	野田町教育委員会	野田町の田の神パンフ		2004
91	薩摩川内市川内歴史資料館	川内の田の神		2008
92	鹿児島市教育委員会	鹿児島市の文化財　4訂版		2000
93	えびの市教育委員会	田の神さあ		2002
94	伊集院町教育委員会	伊集院町の田の神パンフ		1987
95	山田慶晴	川内市のアベック田の神石像		1978
96	山田慶晴	川内をしるために　上巻		1979
97	山田慶晴	川内川下流域の田の神像		1981
98	所崎　平	田の神石像と農民	個人原稿	2001
99	所崎　平	鹿児島県高等学校定時制通信制　研究紀要　串木野の田の神	鹿児島県高等学校定通教育振興会	
100	所崎　平	串木野市の石造物等　串木野市の田の神	串木野郷土史研究会	2006
101	樋脇町教育委員会	樋脇町の田の神パンフ		2004
102	入来町教育委員会	入来町の田の神パンフ		2004
103	串木野市教育委員会	串木野市文化財要覧		2003
104	薩摩町教育委員会	薩摩町の田ノ神パンフ		2004
105	祁答院町教育委員会	祁答院町の田の神さあパンフ		2004
106	姶良町教育委員会	姶良町の田の神パンフ		2004
107	薩摩町教育委員会	薩摩町の文化財		1977
108	東郷町教育委員会	薩摩東郷民俗誌　田之神編		1987
109	鶴田町教育委員会	鶴田町の文化財		1990
110	蒲生町教育委員会	蒲生町の田の神パンフ		2004
111	菱刈郷土研究会	菱刈郷土研究		2002
112	菱刈町教育委員会	ふるさとの田の神		1986
113	東市来教育委員会	田の神、石橋、石敢当		1984
114	吉田町教育委員会	吉田町田の神パンフ		1996
115	郡山町教育委員会	郡山町の文化財		2004
116	牧園町教育委員会	まきぞの　ふるさとのあゆみ		2003
117	横川町教育委員会	横川町の田の神パンフ		2004
118	溝辺町教育委員会	溝辺の文化財		2004
119	吉松町教育委員会	吉松郷土誌		2004
120	栗野町教育委員会	栗野町の田の神パンフ		2004
121	霧島町教育委員会	霧島町文化財		2004
122	加世田市教育委員会	加世田市の田の神パンフ		2004

No.	著者	タイトル	出版社	発行年
123	金峰町教育委員会	金峰町の田ノ神パンフ		2004
124	松元町教育委員会	松元町内の「田の神さあ」		2004
125	開聞町教育委員会	開聞町の田の神パンフ		2004
126	日吉町教育委員会	日吉町の田の神パンフ		2004
127	川辺町教育委員会	川辺町の文化財		1987
128	知覧町教育委員会	知覧町の田の神パンフ		2004
129	吹上町教育委員会	吹上町の田の神パンフ		2004
130	喜入町教育委員会	喜入町の田の神パンフ		2004
131	指宿市教育委員会	指宿市の田ノ神石像		2004
132	枕崎市教育委員会	枕崎市の田の神パンフ		2004
133	坊津町教育委員会	坊津町の田の神パンフ		2004
134	笠沙町教育委員会	笠沙町の田の神パンフ		2004
135	山川町教育委員会	山川の文化財		2004
136	頴娃町教育委員会	頴娃町の田の神パンフ		2004
137	西の表市教育委員会	西の表市の田の神パンフ		2018
138	屋久島町教育委員会	屋久島町の田の神パンフ		2018
139	さつま川内歴史資料館	甑島の田の神パンフ		2018
140	武　政治	薩藩の関・津制度について	鹿児島経済大学経済学部学会	1972
141	森田浩司	薩摩藩における郷と城下町	関西大学史学・地理学会	2008
142	橘　南谿、宗政五十緒	東西遊記	平凡社	1974
143	藤尾慎一郎	弥生時代の歴史	講談社	2015
144	八木幸夫	田の神石像・全記録　南九州の民間信仰	南方新社	2018
145	窪田仲市郎	霧島神宮	春苑堂出版	1995
146	森田清美	隠れ念仏と救い	鉱脈社	2008
147	森田清美	島津氏と霧島修験	鉱脈社	2020
148	NHK鹿児島放送局編	さつま今昔	つかさ書房	1983
149	八木幸夫	由緒ある田の神石像の数々	南方新社	2019
150	八木幸夫	田の神石像、誕生のルーツを探る	南方新社	2020
151	八木幸夫	田の神サァガイドブック	南方新社	2022
152	南九州市教育委員会文化財課	南九州市文化財ガイドブック（川辺地区）	トライ社	2015
153	南九州市教育委員会文化財課	南九州市文化財ガイドブック（知覧地区）	トライ社	2015
154	南九州市教育委員会文化財課	南九州市文化財ガイドブック（頴娃地区）	トライ社	2015
155	静　慈圓	はじめての「梵字の読み書き」入門	セルパ出版	2010
156	永田政幸	江戸時代の鹿児島藩　田の神像のすべて	斯文堂	2019
157	都城市教育委員会	都城市の文化財	都城印刷	2014
158	佐伯健治（みやざき伝承プラットフォーム）	みやざきの「田の神像」を訪ねる	https://auv.vss.miyazaki-u.ac.jp	2023

お世話になった方々 （敬称略とさせて頂きます）

○歌丸　千敏（鹿屋市輝北町上百引）……………… 郷土史家
○内山　芳文（曽於市末吉町）
○内村　憲和（曽於郡大崎町）………………………… 大崎町中央公民館 教育委員会
○小野原實吉（薩摩川内市樋脇）…………………… 薩摩川内市樋脇郷土館
○加塩　英樹（曽於市大隅町岩川）………………… 曽於市教育委員会
○鶴田　道正（鹿児島市）……………………………… 美術商・田の神像取集家
○寺島　幸男（曽於市末吉町）……………………… 田の神研究家
○出来久美子（薩摩川内市川内）…………………… 薩摩川内市川内歴史資料館
○出口　浩二（鹿児島市）……………………………… 元鹿児島市立ふるさと考古歴史館
○所崎　平（串木野市）………………………………… いちき串木野市文化財保護審議委員会会長・鹿児島民俗学会代表
○那加野久広（志布志市）……………………………… 郷土史家
○橋口　良紘（鹿児島市）……………………………… 医師・労働衛生コンサルタント
○東　哲郎（伊佐市大口）……………………………… 伊佐市文化財編集長
○福島　洋子（伊佐市菱刈）………………………… 伊佐市教育委員会 菱刈郷土資料館
○松田　誠（姶良市加治木町）……………………… 鹿児島民芸学会会員、元加治木郷土館
○吉井秀一郎（鹿児島市）……………………………… 鹿児島県歴史資料センター黎明館
○米元　史郎（志布志市）……………………………… 元志布志町教育委員会
○今城　正広（宮崎市）………………………………… 宮崎市教育委員会
○新名　祐史（国富町）………………………………… 国富町教育委員会
○井上氏　　（小林市）………………………………… 小林市教育委員会
○白谷氏　　（都城市）………………………………… 都城市教育委員会

ご協力いただいた市町村 （平成の市町村合併前の名称を記載しています）

○鹿児島市教育委員会
○霧島市教育委員会
○串良町教育委員会
○志布志町教育委員会
○松山町教育委員会
○有明町教育委員会
○鹿屋市教育委員会
　文化財センター
○東串良町教育委員会
○高山町教育委員会
○財部町教育委員会
○田代町教育委員会
○大根占町教育委員会
○佐多町教育委員会
○根占町教育委員会
○吾平町教育委員会
○大崎町教育委員会
○末吉町教育委員会
○大隅町教育委員会
○輝北町教育委員会

○鹿屋市教育委員会
○垂水市教育委員会
○出水市教育委員会
○高尾野町教育委員会
○阿久根市教育委員会
○東町教育委員会
○長島町教育委員会
○野田町教育委員会
○伊集院町教育委員会
○樋脇町教育委員会
○入来町教育委員会
○串木野市教育委員会
○薩摩町教育委員会
○祁答院町教育委員会
○姶良町教育委員会
○鶴田町教育委員会
○蒲生町教育委員会
○大口市教育委員会
○菱刈郷土研究会
○吉田町教育委員会

○郡山町教育委員会
○牧園町教育委員会
○横川町教育委員会
○溝辺町教育委員会
○吉松町教育委員会
○栗野町教育委員会
○加世田市教育委員会
○金峰町教育委員会
○松元町教育委員会
○開聞町教育委員会
○日吉町教育委員会
○川辺町教育委員会
○知覧町教育委員会
○吹上町教育委員会
○喜入町教育委員会
○指宿市教育委員会
○枕崎市教育委員会
○坊津町教育委員会
○笠沙町教育委員会
○山川町教育委員会

○頴娃町教育委員会
○西之表市教育委員会
○屋久島町教育委員会
○薩摩川内市川内歴史
　資料館
○宮崎市教育委員会
○国富町教育委員会
○えびの市教育委員会
○小林市教育委員会
○高原町教育委員会
○都城市教育委員会
○三股町教育委員会

おわりに

　前回の小著『江戸時代の鹿児島藩　田の神像のすべて』において 585 体の田の神像を掲載しましたが、その後の調査で今回 36 体を追加することになりました。田の神像は鹿児島藩（鹿児島県および宮崎県南部の範囲）のみに見られ、記録の残っている一番古い田の神像は、1705（宝永 2）年の県北鶴田町・井出原の田の神像と言われています。

　今日まで 3437 体の田の神像を調査してきましたが、今回、昭和 43 年に川辺町教育委員会にて川辺町文化財に認定された、1691（元禄 4）年の川辺町勝目の「上山田有村の田の神像」も古い田の神像として紹介しました。

■上山田有村の田の神像と鍬持ち・ワラット背負い

　この田の神像は「鍬持ち」「ワラット背負い」の田の神像で、左側の足元に置いた鍬は刃を前に向けていて、この鍬の刃は分厚く、幅広、稚拙で大雑把な作りで、シキも部厚い形をしています。知覧樋与上の田の神像も同様に裁着け袴を着け、一回り大きく、ほぼ同時代に作られたと推察されます。「鍬持ち」「ワラット背負い」の田の神像は、先に南薩地方～知覧・頴娃方面に限られて見られ、遅れて大隅半島でも見られるようになりました。この時代に薩南地区から大隅半島方面に藩の政策・人配にて士族や農民などの農作業者が移住したためと考えます。

　笠沙清水の田の神像は崩壊が目立ちますが、右側に細い鍬状の物を付けています。樋与上の田の神像を 1700 年頃（仮推定）、清水の田の神像を 1720 年頃（仮推定）として扱いました。

■田の神像の伝播状態

　1750 年までのすべての田の神像の写真を同時に掲示して、作られた場所・時期などを記載し、時代ごとの鹿児島藩内での伝播状態を示してみました。（区域分けは p52、図 9 参照）

①1719 年まで

　A 地区（薩摩中部西）は、鶴田町・井出原の田の神像を北限に南に田の神像が増える。一方、B 地区（南薩方面）もその数を増す。

②1729 年まで

　A 地区（薩摩中部西）の数が増える。B 地区（南薩方面）も数が増えて谷山まで拡がる。C 地区（伊佐地方）にも拡がり、F 地区（飯野、小林、高原、高崎、山田）には神職系の像が急速に数を増し、G 地区（高岡）にも見られる。

③1739 年まで

　A 地区（薩摩中部西）は加治木・姶良まで拡がり、D 地区（薩摩中部東・国分）にも拡がる。B 地区（南薩方面）の数の増加は少ない。E 地区（大隅半島）に拡がり、根占にも見られる。

G地区（高岡方面）の増加が多い。

④ 1750年まで

A地区（薩摩中部西）は全域に数を増す。B地区（南薩方面）や溝辺・牧園も数を増し、指宿まで拡がる。C地区（伊佐地方）、F地区（小林・山田周辺）の増加は少なく、E地区（大隅半島）で少し増加する。I地区（志布志・有明）やH地区（宮崎・国富）にも見られる。

＊この時期までは阿久根・出水方面（J地区）には田の神像は見られていない。

⑤〜1800年まで

各地域において数を増すが、A地区（薩摩中部西）、D地区（薩摩中部東：末吉）、J地区（阿久根、出水）、F地区（小林、山田周辺）の都城方面での増加が目立つ。G地区（宮崎・高岡）、H地区（宮崎・国富）での増加も多い。

⑥〜1867年（江戸期終期）まで　鹿児島藩全域で拡がりが見られている。

■室内型の田の神像について

　石像の田の神は持ち運びが大変なため、手軽に持ち運べる田の神像を追加で作ったようです。調査できた630体の中から、今回は田の神像等に記載のある江戸時代の像44体、ほかに68体示しました。江戸時代に田の神像を作れた地域や個人は、経済的に余裕があったのでしょう。回り田の神像として、ごく狭い地域で作られた田の神像と個人的に作られた田の神像があります。明治以降は地区によっては田の神像が作られ田の神講も盛んになっているようです。

■山伏の存在

　江戸時代に入ると幕府が山伏の全国行脚を禁じたため、山伏は山を下りて村落に定住し、鹿児島藩では鹿児島の大乗院（真言宗当山派）を中心に各郷すべてに山伏寺を配置しました。山伏寺は、各郷との連絡専門の一機関となり、各地の山伏からの情報はただちに藩中央に達せられるほどになったようです。山伏は暦、農事、家相・人相の相談、病気治療・葬祭万般について指導し、村民の相談にも応じ、村落における指導階級でした。霧島神は稲作の神、水神です。豊作を願う人々が多いに関与した霧島講をはじめ、山伏は田の神像製作・田の神講等などを推進する中心的な役割を担ったと思われます。

　江戸時代の建立と推察される田の神像はまだまだ多数あると思います。今回はその中の限定された範囲で検討しましたが、おおよそその時代の社会の傾向は追えると思います。

　前回に引き続き各地の教育委員会、ことにえびの市・小林市・高原町・三股町教育委員会の方々や寺島幸男氏（曽於市末吉町在住）には大変お世話になりました。今回、修験者（山伏）については専門家の森田晴美先生に大変貴重な意見をいただき感謝申し上げます。

　調査に何時も同行していただいた松山逸郎氏の協力なしにこの調査は進まなかったことは前回にも述べましたが、今回も同様で大変お世話になり深謝申しあげます。

永田 政幸（ながた・まさゆき）

鹿児島県立甲南高等学校卒業
鹿児島大学医学博士課程修了（第一外科学講座専攻）
医師・鹿児島市医師会会員
日本体育協会公認スポーツドクター
鹿児島県医師会写真同好会「KDPC」会員
山岳同好会「山坂達者の会」元会員

田の神図録　江戸期の田の神 621 体を追って

発 行 日	2024 年 4 月 15 日　初版第 1 刷発行
著　　者	永田政幸
発 行 者	向原祥隆
発 行 所	株式会社南方新社

〒 892-0873 鹿児島市下田町 292-1
電話 099-248-5455
振替口座 02070-3-27929
URL http://www.nanpou.com/
e-mail info@nanpou.com

印刷・製本	シナノ書籍印刷株式会社

定価はカバーに表示しています
乱丁・落丁はお取り替えします
本書内容の無断転載、複写、複製等を禁じます
ISBN978-4-86124-513-8 C0039
© Nagata Masayuki 2024, Printed in Japan

江戸時代の鹿児島藩（薩摩国、大隅国、日向国）における田の神像誕生と伝播の足跡を追って

図録 江戸時代の鹿児島藩 田の神像のすべて

永田 政幸

本書は実地調査と先行研究を踏まえた新しい正真正銘の田の神像研究書である。

確かな実証に基づくユニークで合理的な分析がすばらしいだけでなく読者を飽きさせない工夫が喜ばしい

鹿児島県立図書館前館長 志學館大学教授 鹿児島大学名誉教授 原口　泉

発行元 斯文堂

令和元年 9月発行

江戸時代の鹿児島藩 田の神像のすべて

永田政幸著・A4判（大型本）・192頁・オールカラー　定価（本体 3,600 円＋税）

　古来よりわが国に根付く農耕神を崇敬する精神文化では、春になると山の神が田の神になって稲の成長を守護し、秋には再び山に帰る「春秋去来」の伝承が、全国各地に広くみられる。元来、山の神、田の神は、祖霊や穀霊、水や木の精霊など敬う原始的な宗教に近い信仰であることは現在も変わらない。

　旧鹿児島藩（現鹿児島県から宮崎県南部）における農耕神信仰の形としての田の神像は、五穀豊穣、子孫繁栄を願って江戸時代から作られ、現在もなお大事に守られてきている。

　本書では、今まで調査できた3315体の中で、江戸時代に造られたと確認または推定できたもの585体の田の神について記載し、鹿児島藩における田の神像誕生の伝播の足跡を追う。

本書は、実地調査と先行研究を踏まえた新しい正真正銘の田の神像研究書である。

（「発刊によせて」鹿児島大学名誉教授・志學館大学教授　原口　泉）

【販売取扱店】

①斯文堂：Tel.099-268-8211　鹿児島市南栄町 2-12-6
②ジュンク堂・鹿児島店：Tel.099-216-8838　鹿児島市呉服町 6-5　マルヤガーデンズ 6F
③アマゾン公式サイト Amazon.co.jp　**※南方新社ではお取り扱いしておりません。**